DEUS E EU

# Deus e eu
## Conversas sobre fé e religião

*Antonio Monda* com Paul Auster, Saul Bellow, Michael Cunningham, Nathan Englander, Jane Fonda, Richard Ford, Paula Fox, Jonathan Franzen, Spike Lee, Daniel Libeskind, David Lynch, Toni Morrison, Grace Paley, Salman Rushdie, Arthur Schlesinger Jr., Martin Scorsese, Derek Walcott e Elie Wiesel.

Tradução
Eliana Aguiar

CASA DA PALAVRA

Copyright © 2007 desta edição, Casa da Palavra
Copyright@ 2006 Antonio Monda | Agência Riff
Todos os direitos reservados e protegidos pela Lei 9.610, de 19.02.1998.
É proibida a reprodução total ou parcial sem a expressa anuência dos editores.

*Capa*
VICTOR BURTON

*Copidesque*
CRISTIANE PACANOWSKI

*Revisão*
ALEXANDRE ARBEX

*Produção editorial*
NATALIE ARAÚJO LIMA

*Produção gráfica*
ISABEL VALLE

CIP-BRASIL. CATALOGAÇÃO-NA-FONTE – SNEL, RJ.

M748d
    Monda, Antonio, 1960 -
        Deus e eu : conversas sobre fé e religião / Antonio Monda ; com Paul Auster...
    [et al] ; tradução de Eliana Aguiar – Rio de Janeiro : Casa da Palavra, 2007.
    Tradução de : Tu credi?
    14x21 cm, 168 p.
    ISBN 978-85-7734-034-7

    1. Deus - Prova de existência. 2. Fé. 3. Religião. 4. Intelectuais - Estados
    Unidos - Entrevistas. I. Título. II. Título: Conversas sobre fé e religião.

07-0341                                                                      CDD 231.042
                                                                                     CDU 231.11

CASA DA PALAVRA PRODUÇÃO EDITORIAL
Rua Joaquim Silva, 98, 4º andar, Rio de Janeiro, 20241-110
21.2222-3167 21.2224-7461 divulga@casadapalavra.com.br
www.casadapalavra.com.br

*A Jacquie,
que me salva todo dia.*

A idéia de Deus, um ser onisciente, onipotente e que, além disso, nos ama, é uma das mais ousadas criações da literatura fantástica. Preferiria, de todo modo, que a idéia de Deus pertencesse à literatura realista.

JORGE LUIS BORGES

*Sumário*

11. A evidência das coisas não vistas
23. PAUL AUSTER
    Um mistério irônico e insondável
31. SAUL BELLOW
    Creio em Deus, mas não vou importuná-lo
37. MICHAEL CUNNINGHAM
    Somos todos filhos de Deus
47. NATHAN ENGLANDER
    Quem quer que tenha escrito a Bíblia é Deus
53. JANE FONDA
    Cristo foi o primeiro feminista
61. RICHARD FORD
    Creio na redenção da arte
69. PAULA FOX
    Deus é o nome de algo que não entendo
77. JONATHAN FRANZEN
    A realidade é uma ilusão
85. SPIKE LEE
    Eu já não sentia nada na igreja
93. DANIEL LIBESKIND
    Nós cremos no mesmo momento em que vemos

99. DAVID LYNCH
O bem e o mal estão dentro de nós

107. TONI MORRISON
A busca é mais importante que a conclusão

115. GRACE PALEY
A morte é o fim de tudo

123. SALMAN RUSHDIE
Creio em uma alma mortal

131. ARTHUR SCHLESINGER JR.
Sou agnóstico

137. MARTIN SCORSESE
Deus não é um torturador

147. DEREK WALCOTT
Creio que creio

155. ELIE WIESEL
Tenho uma fé ferida

163. *Agradecimentos*

165. *Os entrevistados*

*A evidência das coisas não vistas*

> A fé é a garantia dos bens que se esperam,
> a prova das realidades que não se vêem.
>
> são paulo, Epístola aos Hebreus, 11, 1

Decidi enfrentar esta reflexão dialogada sobre a relação que algumas grandes personalidades da cultura norte-americana têm com a existência de Deus sabendo bem que se tratava de uma viagem com implicações extremamente pessoais; de um percurso no qual as perguntas são sempre superiores às respostas, a menos que se aceite a lógica da fé, expressão que, para aqueles que não crêem, é pouco mais que um oximoro.

Nos últimos meses da preparação deste texto, causou-me impressão uma pergunta recorrente, que me foi feita repetidas vezes por amigos e colegas: "Mas por que escrever um livro desse gênero?".

Na maioria dos casos, essas pessoas fizeram a pergunta com o máximo de afeto e respeito; todavia, a questão, e o tom espantado que a caracterizava, suscitou em mim um efeito de absoluto desconcerto.

"E de que assuntos eu deveria falar?", eu perguntava, sobretudo a mim mesmo e, então, acrescentava: "Existiria por acaso um tema mais importante?".

Estou consciente do fato de que o tema grande e universal da religião estava circunscrito, no caso deste livro, ao mundo da cultura norte-americana. A pergunta, no entanto, escondia sempre uma reação relativa à escolha do tema em si, não ao fato de ter decidido limitar meu olhar a uma área geográfica ou cultural. São incontáveis os livros sobre temas religiosos publicados recentemente, e é evidente para todos que a religião tem desempenhado um papel central nas escolhas políticas e sociais mais importantes e freqüentemente mais dramáticas desses últimos anos. O estupor, portanto, não se referia propriamente ao tema pré-escolhido, mas ao fato de que este meu livro não tinha a intenção de propor uma análise sociopolítica, mas antes uma tentativa — talvez provocativa, mas, penso que posso dizê-lo, desprovida de qualquer substrato intelectual — de interrogar-se e interrogar sobre o núcleo central do problema, reivindicando para ele uma centralidade em cada existência e sublinhando constantemente o fato de que cada escolha singular (existencial, artística, política) emana diretamente, e imprescindivelmente, da resposta que foi dada à "grande questão".

*Deus e eu* é construído inteiramente sobre uma simples mas fundamental provocação: pedi a meus interlocutores que me dissessem com toda a honestidade se acreditavam na existência de Deus e quais tinham sido, conseqüentemente, as suas escolhas de vida.

Estaria mentindo se dissesse que me deparei, de imediato, com reações repletas de entusiasmo: quase todos os personagens entrevistados reagiram, num primeiro momento, com perplexidade, pedindo em seguida um pouco de tempo para pensar a respeito. Alguns quiseram conhecer o texto das perguntas e outros pediram para corrigir as respostas antes que o livro fosse para o prelo. Mas em contrapartida ao número (felizmente, muito exíguo) de pessoas que resolveram não participar, consegui a adesão apaixonada e generosa das personalidades que quiseram dar sua contribuição à minha reflexão.

À luz de toda essa experiência com meus interlocutores e com aqueles que acompanharam o livro do exterior, creio que posso afirmar que a reação de estupor com que me deparei durante a elaboração do texto revela uma gradação de comportamentos que vão do saudável, legítimo e respeitabilíssimo pudor de quem prefere guardar para si a discussão de temas dessa importância, à recusa de enfrentá-los para instalar-se confortavelmente nas próprias convicções. As pesquisas e os encontros convenceram-me, posteriormente, de que a existência de Deus representa a maior das questões, aquela da qual todas as outras descendem. No entanto, o que me parece interessante aprofundar, e que pude constatar justamente trabalhando o texto, é uma tendência tão humana quanto, a meu ver, inquietante, a minimizar aquilo que cada pergunta subseqüente comporta, sobretudo no caso de uma convicção afirmativa.

Se Deus existe, como Ele nos fala? O que nos diz? Temos condições de compreender Sua linguagem? E nós, como falamos com Ele?

Deparei-me muitíssimas vezes, dos dois lados do Atlântico, com pessoas que reconhecem sua existência, restringindo sua presença, todavia, ao interior de um mistério que, de fato, dá ensejo a uma liberdade de comportar-se de maneira indiferente ou, no máximo, segundo os cânones de uma vaga tendência ao "amor ao próximo". Encontrei até mesmo algumas pessoas que afirmam acreditar em certas religiões codificadas, mas que resistem ou contestam algumas das normas das religiões em questão: pessoalmente, tenho numerosas perplexidades em relação a essa atitude e, para ficar no âmbito da minha religião, sempre achei pouco convincente a posição daqueles que reconhecem a existência de Deus, e a divindade de Cristo, mas contestam (ou mesmo desprezam) a Igreja. Com isso, não pretendo certamente afirmar que a Igreja de Roma não tenha cometido erros, alguns gravíssimos, no curso de sua longuíssima história, mas quero sublinhar que quem crê não pode deixar de saber que Cristo confiou suas chaves, investindo-o de toda a autoridade, a Pedro, o discípulo que o renegaria três vezes na noite anterior à crucificação. Para usar as palavras de G. K. Cherteston:

> *Quando, em um momento simbólico, estava construindo as bases de Sua grande sociedade, Cristo não escolheu como pedra angular o genial Paulo ou o místico João, mas um embusteiro, um esnobe, um covarde: em uma palavra, um homem. E sobre aquela pedra edificou a Sua Igreja, e as portas do Inferno não prevaleceram sobre ela. Todos os impérios e todos os reinos desmoronaram em virtude da intrínseca e constante fragilidade de terem sido fundadas por homens fortes sobre homens fortes. Mas essa única instituição, a histórica Igreja cristã, foi fundada sobre um homem fraco e por esse motivo é indestrutível. Pois nenhuma cadeia é mais forte do que seu elo mais fraco.*

É evidente que uma convicção como essa, expressa por Chesterton em *Heretics*, nasce de um profunda fé (é esclarecedor, para dizer pouco, que o texto do escritor anteriormente citado remonte a 17 anos antes de sua conversão ao catolicismo), mas creio que qualquer um, mesmo aqueles que consideram a religião uma desventura, uma mentira ou, como disse alguém, "o ópio do povo", deve experimentar uma sensação de mistério diante da centralidade que essa instituição bimilenar, construída por homens fracos que muitas vezes blasfemaram e traíram sua mensagem, exerce ainda hoje. E essa sensação de mistério só pode esconder uma dúvida: haverá por trás disso algo de autenticamente divino? Essa intuição de Chesterton sobre a "invencível força fraca" segue no mesmo ritmo a tese do *Impur*, livro escrito por Jean Guitton sobre a heresia catarista de origem gnóstica que atravessa a história da Igreja desde sempre. Ao puro, o escritor ousa preferir o impuro, com o objetivo de salvar o verdadeiro, consciente de que a pureza é a tentação do homem que se acredita angélico: ele recusa a vida vivida, marcada por compromissos e, com impaciência, quer logo separar o joio do trigo. Para usar as suas palavras: "O demônio é a imagem do anjo. O catarismo é a tentação dos espíritos grandes, das consciências elevadas, dos seres desinteressados. É análogo ao pecado angélico".

Essa tentação do catarismo é o reverso da medalha das tendências espirituais *new age* tão em voga em nossos dias: a uma pureza inatingível contrapõe-se uma religião construída para uso e consumo do observador singular, com normas elásticas que, de fato, desmentem o sentido mesmo do étimo *religio*: "vínculo". Num caminho paradoxal, a ortodoxia (e não me refiro, é óbvio, apenas ao catolicismo) transforma-se na pedra do escândalo, exatamente por sua abnegação cotidiana, que se orgulha de sua *aura mediocritas*, e no inimigo a ser combatido e derrotado por quem escolheu os dois extremos coincidentes do catarismo e do vago personalismo *new age*. Mas transforma-se também, perigosamente, no terreno fértil no qual todo tipo de degeneração fundamentalista pode proliferar.

Considero que, mais além dos exemplos sublimes e combativos – este que lhes escreve deu o nome de Inácio ao próprio filho –, não somente a escolha da *aurea mediocritas*, mas também a sua celebração são elementos genéticos fundamentais do crente. Para dizê-lo com Stevenson:

*Exigimos tarefas mais elevadas porque não somos capazes de reconhecer a elevação daquelas que já nos foram designadas. Tentar ser gentil e honesto parece uma coisa demasiado simplória e desprovida de ressonância para homens de nossa categoria heróica; preferimos antes nos consagrar a algo de audaz, árduo e decisivo: preferimos descobrir um cisma ou reprimir uma heresia, cortar uma mão ou mortificar um desejo. Mas a tarefa que temos diante de nós, ou seja, suportar a nossa existência, exige fineza microscópica e o heroísmo necessário é o da paciência. O nó górdio da vida não pode ser resolvido com um corte: cada nó deve ser desembaraçado com um sorriso.*

Já deve estar claro para todos os leitores que quem escreve é um crente (mais claramente: católico, apostólico, romano), e ninguém, menos ainda este que assina mais adiante, escapa de sua própria formação e das próprias convicções. Na elaboração deste livro tentei, contudo, manter uma abordagem distanciada e creio que posso afirmar com honestidade que aprendi muito também com os interlocutores que manifestaram convicções muito diversas das minhas, tanto no que diz respeito aos que professam uma fé diversa, quanto aos ateus e agnósticos.

Tentei manter-me o mais distante possível da crônica e das polêmicas desses últimos tempos, tentando dialogar sobre questões centrais, das quais, quero repetir, descende qualquer atitude. Sei que em muitos casos fui indiscreto e talvez até impertinente, mas creio que consegui instaurar um diálogo sincero e, espero, profícuo com personalidades muito variadas, às quais envio minha gratidão e meu afeto.

Nessa lista de personagens faltam dois nomes que tive o privilégio de conhecer e travar um relacionamento, mas que, infelizmente, morreram durante a elaboração deste livro: Susan Sontag e Arthur Miller. Sei que poderia obter uma contribuição impagável e confesso que sinto essa falta, assim como sinto a de Mohammad Ali, que declarou seu interesse em participar e dialogar, mas que não pôde fazê-lo em razão dos seus conhecidos motivos de saúde.

Boa parte dos personagens entrevistados não nasceu nos Estados Unidos e, em alguns casos, os escolheram como residência muito recentemente: creio que isso não limite o texto, mas possa, ao contrário, contribuir para transformá-lo em um espelho particularmente significativo desse país. Vivo nos Estados Unidos há 12 anos e aprendi a amá-lo em todas as suas contradições. No entanto, mais do que qualquer outra coisa, pude comprovar aqui a centralidade da religião na vida cotidiana, nas escolhas políticas e nas escolhas artísticas. Uma pesquisa publicada em setembro de 2005 pela *Newsweek* revelou uma série de dados que me parecem extremamente significativos: segundo uma pesquisa realizada pela Beliefnet em uma amostragem de 1.004 pessoas, 24% dos norte-americanos definem-se como espirituais, mas não religiosos; 9% religiosos, mas não espirituais; 55% religiosos e espirituais, e apenas 8% nem religiosos nem espirituais (4% responderam "não sei"). Resta entender, é óbvio, a que os entrevistados atribuem a diferença entre religioso e espiritual, porém não é menos significativo o fato de que 57% da população atribua uma importância fundamental à espiritualidade na vida cotidiana e que essa centralidade seja afirmada por 44% das pessoas com idade inferior a 39 anos. A religião, portanto, mostra-se presente, e de maneira fundamental, também no período da juventude.

Da pesquisa resulta que 33% do país é de fé protestante evangélica, 25% protestante não-evangélica, 22% católica, 1% hebraica, 1% muçulmana. São 5% os cristãos que não pertencem a essas fés, e 3% os não-cristãos. O número de ateus, agnósticos e os não-pertencentes a religião alguma é, enfim, de 10%.*

Em relação ao percurso que tentei enfrentar no livro, alguns dados são particularmente interessantes: à pergunta "por que você é praticante?", 39% responderam "para instaurar uma relação pessoal com Deus"; 30%, "para tornar-me uma pessoa melhor e viver eticamente"; 17%, "para encontrar paz e felicidade"; 10%, "para estar em contato com algo maior"; 8%, "para dar um significado à vida", e 3%, "para fazer parte de uma comunidade".

Segundo a pesquisa, 20% dos entrevistados mudaram de fé ainda na infância, mas, desses, apenas 4% abandonaram definitivamente a religião.

Setenta e nove por cento dos entrevistados consideram que uma pessoa de outra fé pode atingir a salvação e, desse percentual, responderam de maneira afirmativa 86% dos protestantes evangélicos, 83% dos católicos e 73% dos não-cristãos.

Oitenta por cento dos entrevistados consideram que o universo foi criado por Deus, e 67% estão convencidos de

---

* Segundo o IBGE, em 2000 os brasileiros se declararam católicos (73,6%), protestantes ou evangélicos (15,4%), ateus ou agnósticos (7,4%), espíritas (1,3%) e praticantes de religiões afro-brasileiras (0,3%). Outros credos compunham 1,8%. [N.E.]

que depois da morte a alma irá para o paraíso ou para o inferno. (São significativos também os outros percentuais: 13% negam a existência de paraíso e inferno, mas acreditam que a alma sobrevive de modo espiritual; 6% negam a existência da alma e identificam a morte como o fim de tudo; 5% acreditam na reencarnação e 9% "não sabem".) Diante da pergunta sobre a importância primária da prece, 27% responderam que rezam "para buscar a orientação de Deus"; 23%, para "agradecer-lhe"; 19%, "para ficar mais próximo dele"; 13%, "para ajudar os outros"; 9%, "para aprimorar-se". Enfim, há um dado que permite que se leia de maneira transversal as relações religiosas e sentimentais no interior do *melting pot*: 70% são casados com pessoas da mesma fé; 14%, com pessoas de um rito semelhante; 5%, com pessoas que professam uma fé um pouco diferente, e 10%, extremamente diferente.

Considero que uma lista de dados numéricos avilta, inevitavelmente, qualquer reflexão sobre a fé; contudo, o fato de 90% dos norte-americanos – ou pessoas residentes na América – definirem-se como crentes não deixa de ser impressionante. Em comparação com a amostragem oferecida pelas conversações reunidas neste livro, esse percentual aparece drasticamente redimensionado (cerca de 40%). O número de pessoas com quem conversei é certamente modesto para alcançar a ressonância de tal amostragem, mas a exigüidade do dado numérico deve ser colocada no mesmo plano que o prestígio e a importância cultural dos personagens em questão. E esse dado só pode levar a uma ulterior, e contraditória, reflexão: devemos pensar que a presença da fé e da religião tende a redimensionar-se – ou até mesmo a desaparecer – quando se discute com a classe intelectual ou, ao contrário, devemos repensar as palavras do Evangelho segundo são Mateus (11,25), no qual Cristo eleva uma prece ao Pai, bendizendo-o: "Por que ocultaste estas coisas aos sábios e doutores e as revelaste aos pequeninos?". Trata-se de uma das muitas passagens dessa viagem, na qual as perguntas resultam superiores às respostas...

A pesquisa contém muitos outros dados interessantes que permitem ler as escolhas religiosas também sob viés político (da subdivisão geográfica à racial), mas o que me parece particularmente significativo, e que se colocou como guia da reflexão que levou a este livro, é o dado íntimo, anterior a qualquer escolha política, ideológica e até mesmo artística. Pergunto-me, por exemplo: um artista que se declara praticante pode realizar alguma coisa na qual esteja ausente (ou indiferente) a presença de Deus? Pode existir um artista crente que não sente o dever de professar também o testemunho que sua fé exige, de fazer a sua profissão de fé?

Há dois anos, organizei, com Mary Lea Bandy, uma antologia de ensaios que acompanhou uma retrospectiva cinematográfica no MoMA, intitulada *The hidden God* (O Deus oculto). A intenção era analisar uma série de filmes, provenientes de todas as partes do mundo, na qual estivesse escondida a idéia da divindade e, portanto, da fé. Obviamente, a mostra e o livro analisaram filmes que remetiam a cultos muito diversos, e lembro-me de ter ficado muito impressionado por não ter conseguido encontrar nenhuma idéia de espiritualidade em um filme que amo profundamente e de ter constatado que a reflexão (ou a proposta) artística sobre a espiritualidade está quase que ausente em diretores de primeiríssima ordem, como Luchino Visconti. Durante a preparação do livro e da mostra, pedi a um crítico que estimo muito que me indicasse quais eram, a seu ver, os filmes nos quais Deus estava presente. Sua resposta foi "todos", mas é necessário acrescentar que a pessoa em questão é, antes de ser um crítico, também e, sobretudo, um sacerdote jesuíta. Não tenho, provavelmente, nem a sua fé nem a sua capacidade de análise, mas tento com igual paixão seguir a sua sugestão e pergunto como deve se comportar um artista que deseja viver os ensinamentos do Evangelho em seu próprio cotidiano. Obviamente, o discurso pode se estender a qualquer outra escolha existencial e, de maneira ainda mais evidente, pode ser aplicado a qualquer outra fé. A história desses últimos anos nos impõe, antes de qualquer outra, a seguinte pergunta: qual é o limite entre profissão de fé e extremismo, entre a escolha de seguir os ensinamentos das religiões reveladas e o fundamentalismo? Pessoalmente, estou convencido de que a escolha da fé permite a máxima liberdade de vida laica, justamente porque leva ao distanciamento mais autêntico e absoluto de qualquer possível comportamento ideológico clerical. Mas essa convicção não pode encobrir o dado da fragilidade humana: dos interesses e das paixões materiais, assim como das tentações angélicas de que falava anteriormente e, portanto, da tentação clerical, que atinge tanto os crentes quanto os não-crentes...

E, refletindo sobre a fragilidade humana, voltou-me à mente, como não podia deixar de ser, a intuição de Chesterton em relação à própria instituição da Igreja, com todas as suas contradições que, a meu ver, nunca desmentiram, nem de longe ou marginalmente, a verdade de seu magistério. Em 1965, Karl Rahner escreveu, em seu texto *O pecado na Igreja*: "A Igreja não seria o verdadeiro povo de Deus, mas uma realidade puramente ideal, de caráter quase mítico, se pensássemos que o estado de pecado de seus membros não a determina". E conclui: "Se nos damos conta claramente de que a Igreja terrena é sempre igreja de pecadores, compreendemos exatamente como e por que ela é a igreja santa".

Nos diálogos que se desenrolam entre ateus e crentes, o tema do "respeito" é recorrente: pessoalmente, parece-me uma constatação ao mesmo tempo óbvia e insuficiente. A tentação imediata é aquela de julgar tal comportamento como simples hipocrisia (para mim seria difícil sentir respeito intelectual por uma pessoa que acredita em algo inexistente a ponto de isso dar forma à sua existência), mas depois aflora a consciência de que o "respeito" é marcado pela dúvida e por aquilo que os crentes chamam de "mistério da fé". E não posso evitar pensar na extraordinária frase que São Paulo escreveu em sua Epístola aos Hebreus: "A fé é a garantia dos bens que se esperam, a prova das realidades que não se vêem".

Para quem crê, a resposta está aí, e muito me impressionou o fato de que o convite para refletir sobre essa passagem partiu de um não-crente como Richard Ford, que me confessou que essa frase retorna constantemente a seus pensamentos.

Não teria a ousadia de pensar que este livro pode ser de qualquer modo exaustivo, mas espero que possa se revelar como um elemento de análise e, talvez, um bom companheiro de viagem ao longo do percurso mais importante de toda a existência.

O objetivo não está garantido, mas diante de uma aventura desse tipo, os filósofos gregos ensinavam: *"Kalós gar o kíndynos"*. "O risco é belo".

Boa leitura.

Antonio Monda
*Nova York, janeiro de 2006*

## Paul Auster
*Um mistério irônico e insondável*

Conheço Paul Auster há muitos anos e devo dizer que por muito tempo lamentei que ele estivesse entre os homens mais arredios a aceitar falar de sua relação pessoal com a religião. Sei muito bem quanto esse tipo de assunto é delicado e como a sensibilidade de cada um pode vivê-lo de diferentes modos, mas mesmo assim considerava que, de algum modo, ele me devia confidências do gênero. Obviamente, estava enganado, mas acabei estabelecendo com Paul Auster, sobretudo depois do 11 de Setembro, uma relação de certa intimidade, entremeada de longas conversações sobre política (as suas posições são decididamente mais radicais que as minhas), sobre cinema (sempre admirei a humildade que faz com que ele se veja como um escritor que aprende cotidianamente a sétima arte) e sobre o Brooklyn, bairro que foi uma cidade, no qual ele vive e que, em seu último livro, define como "o antigo reino". Paul é um grande contador de anedotas e é irresistível a maneira como não consegue conter o riso quando relata alguma coisa engraçada. Suas histórias prediletas são sobre Billy Wilder, diretor que ambos adoramos, e, entre as tantas anedotas contadas entre lágrimas de riso, a minha preferida é uma história que ele viveu pessoalmente e que revela bem o seu modo de conceber a vida. Por ocasião de seu nonagésimo aniversário, Billy Wilder recebeu um importantíssimo prêmio pelo conjunto de sua obra. Hollywood em peso estava lá, enfileirada para homenageá-lo; diretores e atores de pelo menos três gerações prestaram, de pé, uma longuíssima ovação ao mestre, assim que ele fez sua aparição no teatro suntuosamente decorado. O grande diretor subiu com dificuldade ao palco, pegou o prêmio e dirigiu-se ao microfone preparado para seu discurso de agradecimento. Os norte-americanos, e em particular os homens do mundo do espetáculo hollywoodiano, atribuem uma enorme importância a esse momento retórico. A emoção invadiu imediatamente o teatro, comovendo cada espectador. Por fim, depois de chegar ao microfone, Wilder começou a falar com seu inconfundível sotaque austríaco: "Um homem vai ao médico e lhe diz, preocupado: 'Doutor, não consigo mais fazer xixi!' O médico olha para ele perplexo e pergunta: 'E quantos anos você tem?' E o homem: 'Noventa'. 'Bem', replica o médico, 'você já mijou o suficiente'". Sem dizer mais nada, Wilder recolocou o microfone no lugar e abandonou o palco, deixando o público imerso numa atmosfera em que se misturavam desconcerto e divertimento. Apenas alguns poucos espectadores explodiram em um aplauso catártico, mas o diretor já se encontrava na limusine que o levaria de volta para casa.

Cada vez que conta essa história, Auster ri com gosto, e nunca ficou muito claro para mim se entre os motivos de seu divertimento prevalece a ironia ou a comoção. "Nem eu sei", diz ele em sua bela *bronwstone*, perto de Prospect Park, no Brooklyn, "mas sei que, depois disso, Wilder já podia dar por terminada a sua existência".

*Você não acha que isso revela um comportamento cínico?*
Talvez, mas eu o definiria sobretudo como desencantado, e não podemos esquecer que, em seus filmes, Wilder manifestou emoções e princípios de um tipo totalmente diverso, a despeito de críticos que não reconheciam sua alma e espessura.

*Quis recordar a historinha de Wilder para falar de religião.*
Mas por que você continua a querer falar nisso?

*Porque é o tema mais importante que existe: se existe um deus, como ele nos fala? E nós, como falamos com ele?*
Entendo, mas estou convencido de que é possível falar de Deus e de religião mesmo não falando diretamente disso.

*Eu também estou, desde que este não seja um modo para deixar o problema de lado ou para fazer um deus à sua própria imagem e semelhança. Mas, então, deixe-me começar a nossa conversa remetendo-me àquilo que você cria em seus livros e seus filmes. Não venha me dizer que não existe uma aspiração espiritual em* Cortina de fumaça...
Falaria antes de uma possibilidade de redenção, mas nem por isso necessariamente de religião.

Paul Auster

*Fiquei muito impressionado também com o tom elegíaco de seu último livro,* Desvarios no Brooklyn, *um romance no qual a dor não falta, mas no qual prevalece uma humanidade marcada em medida igual pela graça e pela piedade. O protagonista sessentão, Nathan Glass, resolve voltar ao bairro com a intenção de "encontrar um lugar tranqüilo para morrer", depois de uma terrível doença e do fracasso de seu casamento, mas descobre a misteriosa alegria da existência.*

Não tenho nenhum problema em definir *Desvarios no Brooklyn* também como uma história de regeneração e redenção, embora não me escape o abuso que se faz ultimamente desses termos. Eu senti a necessidade de contar uma história de tom agridoce: uma comédia com aspectos obscuros que, espero, ofereça um quadro da existência contemporânea com que mesmo quem não vive no Brooklyn possa identificar-se.

*Podemos defini-la como uma "comédia humana"?*
Sim, certamente.

*Qual é a sua definição de comédia?*
Uma trama em que os personagens encontram-se, no final da história, em melhores condições do que no início. Pense em Shakespeare: as tragédias terminam inevitavelmente em lutos, ao passo que grande parte das comédias acaba em matrimônio.

*É também o percurso da* Comédia *de Dante, que parte do inferno para chegar ao paraíso.*
Certamente, mas continuo a não ver aí uma abordagem mística e espiritual, pelo menos no que me diz respeito.

*Vamos então, sem mais delongas, à questão fundamental: você acredita que Deus existe?*
Não. Não acredito. Mas isso não quer dizer que não considere a religião um elemento culturalmente fundamental da existência.

*Você foi educado religiosamente?*
Meus pais são dois judeus não particularmente praticantes, mas até os 14 anos eu ia à sinagoga e lembro-me com certa ternura do meu *bar mitzvah*.

*E o que aconteceu depois?*
Tive uma crise, na idade típica em que os jovens têm crises.

*Como reagiu?*
Decidi enfrentar a situação de frente e fui falar com o rabino. Deparei-me com um homem muito preparado e íntegro, que compreendeu meu estado de ânimo e respeitou meu afastamento. Devo dizer que até hoje sinto grande consideração por ele.

*Como reagiram seus pais?*
Com um respeito análogo pelas minhas escolhas. Mas, repito, eles nunca foram verdadeiros crentes. Eles pertenciam àquela geração de judeus que se aproximaram da religião depois da guerra, com um comportamento que revelava, antes de tudo, um paradoxal sentimento de culpa. Depois dos terríveis sofrimentos do Holocausto, muitos sentiram a necessidade de se reaproximar das suas próprias raízes.

*Você sente falta de alguma coisa da vida daquela época?*
Face a qualquer escolha, vemo-nos diante de algumas carências. Mas não posso dizer que tenha remorsos, e estou certo do que fiz.

*Por que você definiu a religião como um elemento fundamental da existência?*
Porque somente um ignorante poderia dizer o contrário, e basta estudar a História para perceber isso. No que me diz respeito, quis aprofundar a leitura do Novo e do Antigo Testamentos e confrontar-me com aquilo que eles nos ensinam.

*Em* Desvarios no Brooklyn *há um momento em que o protagonista afirma: "Prefiro mil vezes um patife astuto a um devoto tolo", dando como exemplo a vitória de Jacó sobre Esaú.*
É uma das passagens da Bíblia que mais me perturbou. Não é um princípio do qual partilho, mas reconheço que me fascinou: minha interpretação é que o Onipotente quer, naquele momento, premiar a coragem de Jacó.

*O que é que, a partir de seus 14 anos, já não o convencia mais?*
O fato de que existisse um ser onipotente responsável por todas as coisas criadas. Mas tive — e continuo a ter — muitos problemas com a religião organizada.

*Você pensa que se trata de uma coisa negativa?*
Não em si. Creio, contudo, que as religiões mancharam-se, cada uma em sua história, com muitos erros. Basta pensar quantas vezes o nome de Deus foi utilizado para conquistar ou matar. Pense na Inquisição, na expulsão

dos judeus da Espanha ou nos conflitos entre hindus e muçulmanos. Hoje em dia, o que me assusta na religião é a tendência fundamentalista, e vejo a meu redor um mundo cada vez mais repleto de fanáticos. O problema do absolutismo é que ele nos leva à convicção de que somos depositários da verdade. Se você parte desse pressuposto, acaba abrindo a porta para qualquer prevaricação e desumanizando o que é diferente de você.

*Isso pode ser verdade para os fanáticos: o cristianismo, por exemplo, convida a amar o próximo e até mesmo a dar a outra face.*
Certo, mas foram cometidas abominações também pelos cristãos ou, pelo menos, por pessoas convencidas de que eram cristãs. Não estou colocando em questão os muitos efeitos benéficos que a religião pode trazer, mas também não me escapam os seus efeitos maléficos, dos quais a História é testemunha.

*Quais são os efeitos benéficos que você mais aprecia?*
O conforto que ela pode oferecer a quem se sente prostrado diante do sofrimento ou do mistério. Mas esse aspecto também carrega em si o risco da ilusão.

*Tanto em* Cortina de fumaça *quanto em* Desvarios no Brooklyn *as famílias dos protagonistas estão, para dizer pouco, completamente arruinadas: um se droga, a outra se torna atriz de filme pornô e um outro ainda se limita a evitar com desprezo qualquer relação com os parentes. No entanto, a família permanece como um valor.*
É exatamente o que penso: a maioria das famílias vive realidades desastrosas e, no entanto, mantém-se vivo

entre cada componente singular um vínculo autêntico e imprescindível. Eu seria a último a querer negar o valor da família.

*Alguns de seus personagens seguem um percurso semelhante àquele dos protagonistas de livros ou filmes explicitamente inspirados em uma crença religiosa.*
Francamente, nunca tinha pensado nisso. Dê-me um exemplo.

*No início do livro, o Nathan de* Desvarios no Brooklyn *busca "um fim silencioso para minha vida triste e ridícula", ao passo que no final proclama-se "o homem mais feliz que jamais viveu": do ponto de vista do percurso interior, o que há de diferente em relação ao que acontece com o George Bailey de* A felicidade não se compra?
O fato de que a proclamação de felicidade de Nathan aconteça na manhã de 11 de Setembro, poucos minutos antes dos ataques terroristas.

*O filme de Capra não exclui de modo algum a possibilidade de novas dores ou novas tragédias.*
Eu sei bem disso, mas ele era católico e sabia o que era a graça e a providência. Eu, ao contrário, vejo na coincidência entre a declaração de felicidade e a iminência da tragédia um mistério irônico e insondável.

*Nova York, agosto de 2005*

## Saul Bellow
*Creio em Deus, mas não vou importuná-lo*

Saul Bellow me recebe com a voz cansada e o sorriso de quem sabe que o conhecimento é um processo eterno e que a cultura nunca é desencanto. Mostrou-se curioso diante da proposta de falar sobre um tema privado como a religião, mas só aceitou com a condição de reservar-se o direito de não responder a certas perguntas. "Existem assuntos sobre os quais é impossível falar", explica com uma severidade repleta de ironia, "mas isso não quer dizer também que seja inútil. Existem temas sobre os quais é preciso ter pudor, respeito, diria até temor, e uma conversação na qual não nos submetemos a uma longa reflexão ou não nos impomos uma absoluta sinceridade corre sempre o risco de ter seu valor aviltado".

*Por que considera a sinceridade impossível?*
Porque a sinceridade absoluta só se consegue ter consigo mesmo e, justamente, com Deus. Em uma entrevista, mesmo usando de completa boa-fé, acabam por prevalecer o narcisismo, a vontade de dizer alguma coisa inteligente e a preocupação com relação ao modo com que vamos aparecer para os outros.

*E por que também não considera possível uma longa reflexão?*
Francamente, me parece uma coisa um pouco antagônica com aquilo que é o jornalismo.

*Então tanto vale não falar nada...*
Não foi o que disse. Acredito que a consciência desses riscos e desses limites pode proporcionar um caminho possível para a leitura de um tema importante como este que tentamos enfrentar.

*Em outras palavras, o senhor diz: "Vamos oferecer aos leitores mercadorias adulteradas, porém os mais atentos poderão perceber a qualidade escondida...".*
Não é sempre assim com a imprensa?

*Espero que não. Por que aceitou refletir sobre a relação que o senhor tem com a religião?*
Porque é obviamente um tema que me toca e sobre o qual tenho refletido. E porque me fascina o fato de que, ultimamente, se fale muito em Deus, na religião, na espiritualidade, na alma. No século passado parecia que estas eram idéias destinadas a desaparecer. Lembra que havia quem dissesse: "Deus está morto"? Pois bem, as únicas coisas mortas são aquelas idéias.

*O senhor acredita em Deus?*
Sim.

*E como o imagina?*
Não gostaria de falar disso. Temo correr o risco da banalidade e creio que esse é um daqueles assuntos em que a conversação mortifica a grandeza do tema.

*Teve alguma educação religiosa?*
Como o senhor sabe, eu sou judeu. Minha mãe era extremamente religiosa, já o meu pai evitava falar sobre esses assuntos. Perguntei-me muitas vezes se esse modo de agir escondia, na realidade, algum problema não resolvido, e confesso que não cheguei a uma conclusão certa. Diria que era uma pessoa extremamente cética, que oscilava perenemente entre a perturbação diante de uma existência possível de Deus e a escolha do agnosticismo. Posso dizer com toda a sinceridade que, no final das contas, quem teve maior influência sobre mim foi minha mãe.

*Existem biblicistas que sustentam que os ateus não existem: existem os crentes e os idólatras.*
Esse é um ponto de partida interessante que tem, contudo, um enorme potencial de provocação. Pergunto-me como poderia reagir uma pessoa que se declara atéia diante de uma afirmação do gênero: se a dedução obrigatória é aquela de que a sua convicção é enganadora, então ela tem todo o direito de ressentir-se, prescindindo do fato de que esse princípio possa ser verdadeiro. O ateu deve ser livre de ser assim. Creio que isso é um importante princípio religioso.

*A idéia cristã de graça é baseada exatamente nesse tipo de liberdade.*

Conheço o princípio de que fala: ninguém está fora do alcance de Deus. E devo dizer que partilho desse princípio.

*Eliot definia-se como "monarquista em política, católico no que diz respeito à religião e tradicionalista em literatura".*

Não gosto muito das classificações, sobretudo aquelas que se referem a mim mesmo. Isso me traz à memória um jornalista que perguntou se eu pensava que tinham me concedido o Nobel como escritor norte-americano ou como escritor judeu.

*E como o senhor respondeu?*

Que ele me foi concedido como escritor.

*Não faz muitos anos, Frederick Glayser escreveu que o senhor, juntamente com Isaac Bashevis Singer, são os únicos narradores norte-americanos que enfrentam o problema da alma moderna.*

Eis um outro assunto sobre o qual prefiro não falar: o que devia dizer está escrito nos livros.

*Em* O planeta do sr. Sammler, *o protagonista afirma que "muitas vezes, e quase cotidianamente, sinto a forte sensação da eternidade".*

São os momentos em que Deus se esconde nas sombras da existência. E persiste em seu manifestar-se. Se está procurando fragmentos reveladores naquilo que escrevi, posso ajudá-lo: em outra passagem do livro, escrevi que "as pessoas mais puras compreenderam desde o início dos tempos que a vida é sagrada" e, se bem me lembro, cito mais de uma vez o "querer de Deus".

*Mas, em* Herzog, *o senhor escreve que "a história humana é a história da crueldade e não do amor. Se o velho Deus existe, é um assassino. É assim, nada mais. Sem ilusões covardes".*
Poderia responder-lhe que Herzog é um personagem literário. Mas quero dizer que acredito que a vida de um homem é feita também de momentos de desespero e de raiva. E deve ser feita de uma contínua reflexão sobre esse mistério: Herzog reflete sobre as contínuas abominações da humanidade, mas não interrompe nunca a sua própria relação com Deus.

*O questionamento contínuo sobre esses temas é uma característica de muitos de seus livros. Acredita que a presença de temas espirituais na arte representa um enriquecimento ou um limite?*
Depende do artista. Se a abordagem é propagandista, transforma-se imediatamente em um problema, seja quando pretende propagandear a existência ou a ausência de uma realidade espiritual.

*O senhor sempre declarou um grande amor por Conrad e Stendhal. Existe um escritor no qual os temas religiosos são dominantes e que o senhor ame particularmente?*
Dostoievski, o que nos reporta à sua pergunta precedente. A sua relação com a fé era autêntica e imprescindível, mas a sua arte só ganhou com isso, e os tormentos de seus personagens não têm jamais o peso e a futilidade da propaganda.

*Em uma entrevista ao* Boston Globe, *o senhor declarou: "Eu rezo, mas não creio nas súplicas nem nas preces que contêm pedidos: considero-as triviais. Eu não importuno Deus".*

Ainda penso isso, mas gostaria de esclarecer que considero a prece acima de tudo um ato de agradecimento em relação à existência.

*Mas não acredita que, se existe um Deus, ele é também um pai que podemos "importunar"?*

Pessoalmente, vejo a prece como ocasião para um balanço íntimo com o quartel-general do universo.

*O que acha que acontecerá com a morte?*

Isso eu não sei, mas não acredito que tudo se resolva na destruição dos corpos. Considero que aquilo que nos é dito pela ciência é insuficiente e insatisfatório.

*Chicago, janeiro de 2002*

# Michael Cunningham
*Somos todos filhos de Deus*

Entre as muitas pessoas encontradas nessa viagem, Michael Cunningham foi quem aceitou falar mais rapidamente e com maior entusiasmo da sua relação com a religião e com a espiritualidade, mas também foi aquele que pediu com maior presteza a garantia de poder controlar as próprias respostas. Devo reconhecer que tive meu primeiro contato com sua literatura por intermédio do filme *As horas*, extraído de seu romance mais célebre e apaixonante. E precisei vencer muitos preconceitos: talvez por causa do nariz falso de Nicole Kidman, *As horas*, o filme, me pareceu insuportável e apenas a leitura sucessiva do livro me fez perceber a autêntica densidade de seu autor. Impressionou-me, em particular, a profunda e dolente humanidade dos personagens. A idéia de conversar abertamente sobre temas tão íntimos nasce justamente desse tormento que tive a impressão de perceber, e que revela, talvez, a aspiração a algo de transcendente por parte de uma série de personagens conscientes de que são humanos, demasiado humanos.

Esse encontro aconteceu em duas fases, no curso da reforma de seu apartamento em Nova York.

○

*O senhor acredita em Deus?*
Vejo que começamos diretamente com a Grande Pergunta. A parte mais grave de mim mesmo, aquela que está seriamente decidida a não se deixar enrolar por ninguém, diz: "O que está esperando? Admita: Deus é uma coisa que inventamos para poder viver com a consciência da nossa mortalidade". Os cães e os gatos pensam que viverão para sempre e não têm deus algum. Eu não consigo deixar de notar que os únicos seres desde o início conscientes de que um dia deixarão de viver são aqueles que erguem catedrais e organizam procissões com estátuas enfeitadas com túnicas. Ao mesmo tempo, porém, um universo que não contemple uma inteligência harmônica e superior de algum tipo é tão estéril... E me questiono se, a esse respeito, alguns de nós não seríamos inteligentes demais para o nosso próprio bem. É fácil, especialmente quando se envelhece, congratular-se consigo mesmo pela própria habilidade em ver através da cada coisa, mas quando se consegue ver através de cada coisa, encontra-se o nada. E me pergunto se eu, ou qualquer um, desejo real e sinceramente ser tão desiludido a ponto de viver em um mundo completamente desprovido de qualquer elemento de magia ou de mistério... Quando eu era criança, tinha um jogo chamado Magic Eight Ball. Era uma bola de plástico,

semelhante a uma bola de bilhar, mas do tamanho de uma toranja, à qual podíamos fazer perguntas depois de agitá-la com força. Por uma janelinha de cor violeta apareciam oito diferentes respostas e lembro-me de que uma delas era: "Resposta obscura, tente mais tarde". Quero, portanto, citar o meu oráculo da infância e, à sua pergunta, respondo: "Resposta obscura: tente mais tarde". Ou, se preferir que enfrente a pergunta de uma maneira um pouco mais adulta, digo que suspeito de que existam relações profundas e ainda não descobertas entre Deus e os princípios da física. E eu acredito na física.

*Acredita que a ciência pode explicar tudo?*
Não creio que a ciência, a religião, a arte ou qualquer outro tipo de pesquisa humana esteja em condições de explicar tudo. Mas creio que todas elas estão trabalhando na mesma direção. Um dos objetivos perenes da física é uma teoria de campo unificada — uma explicação de como trabalha o universo que leve em consideração tanto a astrofísica quanto a física das partículas subatômicas, elementos que, neste momento, parecem contraditórios entre si. O que é verdade em relação aos movimentos das estrelas não resulta verdadeiro em relação aos movimentos dos elétrons e, portanto, o resultado parece impossível, e provavelmente o é. Os cientistas trabalham com mistérios tão obscuros e frustrantes quanto aqueles de que tratam os teólogos e os artistas, e muito daquilo que os físicos estão descobrindo não traz nenhuma novidade nessa direção e parece não ter nenhum sentido. Se você acredita na física, portanto, é um grande salto afirmar que acredita também em Deus. Em qualquer tipo de deus.

*Tertuliano dizia:* "Credo quia absurdum" (*Creio, mesmo que seja absurdo*).

É um excelente paradoxo. Outra pessoa, não lembro quem, disse alguma coisa do tipo: "É melhor crer, pois se o fizeres e descobrires depois que tens razão, viveste uma vida de fé e, segundo as tuas convicções, pode até existir a perspectiva de um prêmio no paraíso. Se, ao contrário, descobres que estavas enganado e que não há um Deus ou uma vida depois da morte, o que foi que perdeste afinal?". Aprecio essa concepção tão pragmática. Poderia defini-la como abordagem da religião por um "consumidor inteligente".

*Pode me falar de sua educação religiosa?*

Fui educado, pelo menos em palavras, segundo os ditames da religião episcopal.

*Por que em palavras?*

Porque para nós a observância significava exclusivamente comparecer à igreja no domingo e recitar a prece antes das refeições. Freqüentei também as escolas dominicais e ainda me lembro das preces de cor, a começar pelo Credo de Nicéia, mas, enquanto eu crescia, a minha casa podia ser qualquer coisa, menos uma casa ocupada por qualquer tipo de sentido ativo de espiritualidade cristã. Não tínhamos crucifixos, estátuas da Virgem, nem nada do gênero. Posso dizer que íamos à igreja porque provavelmente seria muito extravagante não fazê-lo. Mas, estranhamente, em criança eu era obcecado pela iconografia cristã. Talvez tudo derive dos pais de minha mãe, que eram católicos. Lembro-me de fazer hóstias com pão de forma. E quando tinha 7, 8 anos, pintava muitos quadros religiosos. Aquele que considerava minha obra-prima representava almas que ascendiam de um cemitério para o céu. Estavam todas cobertas por túnicas brancas e representadas de perfil: era a única forma em que eu era capaz de pintá-las. Sorriam em êxtase e flutuavam no céu em direção ao paraíso, que eu tinha pintado do lado direito da tela, no alto, e que tinha recoberto com estrelinhas douradas. Que eu me lembre, minha descrição do paraíso assemelhava-se muito ao Griffith Park Observatory. Ele fica nas colinas de Los Angeles, onde cresci: é o lugar onde Sal Mineo é assassinado em *Juventude transviada*. Mais adiante, tive uma amiga que freqüentava uma escola católica. Os corredores da escola estavam cobertos de tapeçarias velhas e mofadas e perto da entrada da cantina havia uma escultura em tamanho natural de Cristo, que segurava a túnica aberta para revelar o próprio coração vermelho e em sangue. Todo dia, as meninas que iam comprar seus *nuggets* de peixe e seus Tater Tots desfilavam sob a estátua de Jesus, que, tranqüilamente, continuava a sangrar por elas. Atrás da área reservada para os esportes, havia um campo com cruzes negras, onde as freiras eram sepultadas. Em comparação com isso, a escola pública que eu freqüentei no segundo grau parecia mais ou menos um shopping decadente. Eu ficava com tanta inveja do ar sobrenatural da escola da minha amiga! Parecia parte de um mundo mais misterioso, assustador, mas ao mesmo tempo promissor.

*Está me dizendo que o catolicismo o fez sentir a presença de Deus mais do que o protestantismo episcopal?*
Digamos que a presença implícita de um Deus particular e assustador era muito mais convincente do que a aura de derrota secular e poeirenta que se respirava na minha escola.

*Que imagem tinha de Deus?*
Uma mulher negra.

*Sabia que Derek Walcott me disse que, ao contrário, ele o imagina ainda hoje como um homem branco idoso e barbudo?*
Considero que tais imagens chegam bem cedo em nossas vidas. Quando eu era criança, a minha babá era uma mulher grande, negra, pela qual eu nutria um amor fora do normal. Quando penso em Deus, penso nela.

*Acredita que a religião organizada é capaz de aproximar as pessoas de Deus?*
Digamos que não acredito que a religião organizada desses nossos tempos esteja fazendo um bom trabalho. Penso que muitos dos problemas que o mundo moderno está vivendo derivam diretamente da religião organizada, seja quando são provenientes do fundamentalismo assassino, seja quando derivam de posições como as do papa em relação aos homossexuais.

*Existe uma grande diferença entre a religião organizada e o fundamentalismo.*
Existem tantas formas de religiões organizadas e de fundamentalismos que seria tolice tentar generalizar a respeito de uma coisa tão vasta e complicada. Acredito que a própria idéia de dogma – a noção segundo a qual eu estou certo e, por definição, os outros estão errados – abre a porta para o tipo de extremismo que parece, de maneira evidente, ser a força mais perigosa do mundo de hoje.

*Pensa que a religião representa, na política, uma oportunidade ou um risco?*
Penso que as religiões não deveriam nunca governar as nações. As religiões são singulares, as populações, diferenciadas. Pessoalmente, sou totalmente favorável à separação entre Estado e Igreja.

*O que lhe agrada nas religiões e o que você não pode aceitar?*
Pelo que sei, grande parte das religiões ensina princípios fundamentais de comportamento que compartilho completamente. A santidade da vida, a compaixão pelos outros, a caridade para com os menos afortunados. Mas ao mesmo tempo é impossível não perceber que grande parte da bestialidade perpetrada cotidianamente é cometida em nome da religião. Estou falando de pessoas que estão prontas a matar para salvar a vida de um feto e, ao mesmo tempo, são favoráveis à pena de morte. Evidentemente, devem pensar que é pecado matá-los quando estão no útero, mas tudo bem quando estão crescidos...

*A definição da santidade em cada fase da vida me parece uma referência clara ao aborto: qual é a sua posição a esse respeito?*
Sou a favor do princípio de que uma mulher tenha o direito de escolher.

*Desculpe, mas como concilia essa posição com a idéia de santidade em cada momento da vida?*
Acredito que o feto ainda não possui uma consciência nos momentos iniciais de sua evolução.

*Nas fases de que fala, o feto é um "algo" ou um "alguém"?*
Não possui, a meu ver, uma consciência, portanto não pode ser um alguém. Trata-se de um argumento tragicamente delicado, mas reivindico antes de tudo a defesa de uma liberdade.

*Mesmo quando a liberdade de que está falando contrapõe-se à defesa do princípio da vida?*
Com isso chegamos à pergunta, discutida desde sempre, sobre o momento em que a vida tem início. E não estamos nem perto de chegar a um acordo. Se uma vida que nasce é uma vida, e sobre isso não se discute, então os métodos anticoncepcionais destroem a vida? Estamos nos aproximando de um declive escorregadio que nos leva diretamente às injunções contra o sexo que não é ligado à procriação. E eu não tenho nenhum interesse em voltar àquela época. Muito obrigado.

*O que é, na sua opinião, o depois da vida?*
Cada vez que vivo uma mudança — mudar de casa ou deixar alguém — penso que se trata de um exercício para quando a morte chegar. É uma minimorte, seguida imediatamente por uma minirressurreição. Você continua a viver, mas como vive alguém em um apartamento novo, com uma amante diferente. A sua versão velha está, em certo sentido, morta e foi substituída pela nova. Minha idéia é de que continuamos seguindo adiante, mas sem consciência. E isso nos dá um sentido de extinção, na mesma medida em que parece uma extinção abandonar alguém com quem se viveu durante dez anos. Mas não é assim: é apenas o fim de uma coisa e o início de outra. Como grande parte da humanidade, sou muito ligado à minha consciência, à minha

pessoa, ao meu corpo e aos meus hábitos. Mas, ao mesmo tempo, eu me pergunto: quero realmente ser ligado a tudo isso para sempre? Se continuasse a existir como indivíduo, teria eternamente 10 anos?, 28?, 75? Gosto de pensar que alguma coisa de mim mesmo restará, unindo-se aos outros elementos do universo. Talvez seja isso que os crentes definem como alma.

*Alguns teólogos consideram que os ateus não existem, existem apenas crentes e idólatras.*
E em que categoria entrariam, por exemplo, aqueles que realizaram revoluções sociais? Pode-se crer apaixonadamente em uma coisa maior do que a sua própria pessoa, como o bem do seu povo, sem ter nenhuma fé em nenhum tipo de deus. Che Guevara não era um idólatra, nem Emma Goldman o era.

*Mas, por exemplo, não pensa que no caso de Che Guevara a idolatria tenha sido representada pela revolução?*
Se dedicar a própria vida a melhorar o mundo também não passa de idolatria, então que se foda a existência inteira.

*A arte pode ajudar a encontrar Deus?*
A grande arte pode refletir alguns elementos do divino. Basta pensar em Rilke ou em Rothko. A respeito desse ponto, a Magic Eight Ball diria: "Marque um ponto no 'Sim'".

*Que artistas admira em cujas obras existe uma forte presença religiosa?*
Mais do que qualquer um, Flannery O'Connor, uma católica absolutamente ortodoxa e ao mesmo tempo uma das

maiores escritoras do século passado. E tem mais: é impossível separar a sua fé da sua arte, como alguns críticos tentaram fazer. Quando se continua a ler a sua obra tratando o seu catolicismo como uma espécie de obstáculo que ela conseguiu superar, não é possível entender o que ela fez e acaba-se por insultar a sua memória. Nas suas obras narrativas, nas suas cartas e nos seus ensaios, O'Connor representa o melhor argumento que conheço contra a tentativa de ignorar ou minimizar o catolicismo. Como ela mesma disse mais de uma vez, o seu credo formou e esclareceu a sua visão. E não há dúvida de que isso era absolutamente verdadeiro.

*Na figura de Cristo o senhor vê um grande pensador ou o filho de Deus?*
Vejo um grande pensador e filósofo. E somos todos filhos de Deus.

*O que é um crente para o senhor? Um iludido? Um ingênuo? Uma pessoa abençoada pela graça? Ou alguém que vive uma experiência misteriosa e merece respeito?*
Penso que cada pessoa que acredita em alguma coisa que não seja o shopping é, para mim, um herói. Amo todas as formas de reverência não violenta.

*Nova York, novembro de 2005*

## Nathan Englander
*Quem quer que tenha escrito a Bíblia é Deus*

Nathan Englander aceita falar sobre sua relação pessoal com a religião no momento mesmo em que está traduzindo *For the relief of unbearable urges* (Para satisfazer impulsos insuportáveis) para o hebraico. O misto de amor e rebelião que distingue a sua relação com Jerusalém e com a sua própria cultura, além das controvérsias suscitadas pelo livro no interior da comunidade ortodoxa, impediu-o por pelo menos quatro anos de traduzir o texto para a língua de seus pais. Agora, quando finalmente resolveu fazê-lo, depois de ter voltado a viver do outro lado do Atlântico, deu ao trabalho a precisão cartesiana de quem atribui à palavra um valor absoluto, religioso. Encontrei-o no dia de seu 33º aniversário, quando resolveu cortar os longuíssimos cabelos que lhe caíam nos ombros. "Percebi que sou mais velho que Cristo", disse sorrindo, "e creio que, com essa idade, só Jesus podia permitir-se cabelos assim tão compridos". O tom em que pronuncia a frase é menos brincalhão do que pode parecer e, como em seus contos, a ironia revela uma relação íntima e controversa com a religião, que parece bem distante de ser resolvida.

*Não esperava começar esta conversa falando de Cristo.*
Por quê? Acha que ele é um patrimônio exclusivo dos cristãos?

*Não, de modo algum. Mas não é exatamente a primeira referência que se espera de alguém que escreveu um livro como o seu e que foi educado segundo os ditames mais rígidos da ortodoxia hebraica.*
Posso responder que, tanto no livro quanto na vida, tentei rejeitar qualquer absolutismo religioso, descobrindo que a vida é mais variada, mais rica e mais misteriosa do que eu podia imaginar no interior daqueles ensinamentos. Cristo também pertence a essa descoberta.

*Está me dizendo que está se convertendo ao catolicismo?*
Não. Apenas que busco ver com um olhar sereno tudo aquilo que me circunda, incluindo as outras religiões. No que diz respeito ao catolicismo, resolvi pesquisar registros sobre o Concílio Vaticano II e fiquei muito impressionado: sempre acreditei na existência de uma espécie de coalizão entre judeus e cristãos. Mas, ao mesmo tempo, sei muito bem, no fundo do meu coração, que para os judeus, e talvez também para mim mesmo, serei sempre um judeu.

*Quando visitou a sinagoga de Roma, João Paulo II definiu os judeus como os "nossos irmãos mais velhos".*
É uma definição que, sob alguns aspectos, me comove, mas que indica também uma divisão. Eu me pergunto se poderia ser de outra forma, e os debates sobre a Israel da carne e a do espírito me vêm à cabeça.

*Como reagiram os seus pais à sua decisão de abandonar a ortodoxia?*
Eu os senti muito próximos, embora tenha entendido que deve ter sido um autêntico drama para eles. Assim como para a minha irmã, que observa com uma fé absoluta, ainda hoje, cada um dos ritos.

*A sua coletânea de contos foi recebida em todo o mundo com extraordinário sucesso e com muitas polêmicas por parte das comunidades ortodoxas.*
O primeiro fato deixou-me agradavelmente surpreso, mas não o segundo. Minhas histórias procuram imortalizar a confusão que experimento a respeito de ensinamentos que giram em torno de um dado religioso, porém, em muitos casos, também político.

*Como definiria a relação que mantém com a religião atualmente?*
A relação de uma pessoa que se despiu de tudo, sente-se excitada, mas que talvez não saiba como se relacionar com a própria nudez.

*Mas você acredita em Deus?*
Não sei. Tenderia a dizer que não acredito, se não tivesse medo de uma reação dele.

*Você voltou a viver em Jerusalém, mas depois escolheu os Estados Unidos novamente.*
O motivo é acima de tudo político: em Israel, fui obrigado a constatar no dia-a-dia que as minhas posições lá tornavam-se automaticamente de extrema esquerda. Para muitos pode parecer paradoxal, mas aqui nos Estados Unidos

sinto-me menos crítico em relação ao país e, ao mesmo tempo, experimento um sentimento maior de liberdade. Voltei um pouco antes do 11 de Setembro e aprendi a amar Nova York justamente naquela ocasião: sou extremamente orgulhoso da minha cidade.

*Os trágicos conflitos em curso afundam suas raízes na religião...*

No fundamentalismo, que é exatamente aquilo que recuso. Penso que o fundamentalismo é como o alcoolismo: um excesso absolutamente perigoso. Fui embora de Israel quando vi em Sharon e em Arafat o mesmo tipo de comportamento autodestrutivo. Sei muito bem que poderíamos falar longamente sobre o extremismo presente também neste país, sobre o fato de que é absurdo, até lingüisticamente, falar de guerra ao terror e aos extremistas, mas, antes de qualquer outra coisa, temos, aqui nos Estados Unidos, a religião da liberdade. E esse é o motivo pelo qual não posso aceitar as referências a Deus por parte de quem é chamado a governar esse país.

*A sua infância foi marcada por rigorosos ensinamentos espirituais.*

Digo com serenidade que, na época, considerava que aquilo era a fé. Repetia mecanicamente, horas a fio, as preces que sei de cor até hoje, mas não entendia nem mesmo o sentido delas. Houve um momento em que compreendi que, para mim, tratava-se apenas de um rito.

*Ainda lê os textos sacros?*
Está brincando? Claro que leio. E considero que é a obra mais bela que já foi escrita: quem quer que tenha escrito a Bíblia é Deus.

*Conhece também o Novo Testamento?*
Não como o Antigo, mas sempre me comovo com o *incipit* do Evangelho de João: "No princípio era o Verbo e o Verbo estava com Deus e o Verbo era Deus".

*Fala como escritor ou como homem de fé?*
Às vezes me pergunto se existe uma diferença. Mas se pretende saber quanto restou dentro de mim do rapazinho educado segundo as Escrituras, saiba que, quando fecho a Bíblia, eu a beijo e estou sempre atento à posição em que a coloco na minha estante.

*O que o fascina particularmente na Bíblia?*
A sua complexidade e a capacidade de falar na linguagem da eternidade.

*Você está trabalhando há cinco anos em um romance e atribui uma importância fundamental à palavra escrita.*
Tenho-lhe o máximo respeito. Diante da escrita tenho uma abordagem intransigente, imprescindível, absoluta.

*Em suma, você acabou caindo em um outro tipo de fundamentalismo...*
Aceito a provocação, mas sei que vivo esse comportamento com aquele mínimo de controle que não permite que caia no fanatismo. Posso dizer que me comporto como

um monge que é capaz de resistir à intolerância consigo mesmo. E espero não ser nunca como aquelas personalidades que vemos passar, no espaço de pouco tempo, da dependência do sexo à dependência da droga, e que, em seguida, são vistas de uma hora para outra com o quipá, invocando Deus na sinagoga.

*Poderia citar um escritor religioso de quem goste particularmente?*
São muitos: o primeiro nome que me vem à cabeça é o de Isaac Bashevis Singer, por sua mescla de carnalidade e espiritualidade. Mas encontro uma profunda espiritualidade em Kafka e até mesmo em Gogol. Ontem à noite passei uma hora ao telefone com Donald Antrim falando do modo como alguns escritores esconderam um desejo de espiritualidade e talvez de divindade no interior de temáticas que parecem falar apenas da fragilidade humana e da corrupção do espírito.

*Luis Buñuel costumava dizer que era "ateu, graças a Deus".*
Devo dizer que concordo e que estou pronto para roubar-lhe a tirada.

*Considera que existe uma vida após a morte?*
É uma pergunta que me coloca em crise. Mais uma vez, sinto-me tentado a dizer que não, que se trata de uma ilusão e talvez até de uma palhaçada, mas se perguntassem onde eu acho que meu avô está nesse momento, eu responderia: no paraíso.

*Nova York, fevereiro de 2003*

## Jane Fonda
*Cristo foi o primeiro feminista*

São pouquíssimas as coisas que Jane Fonda se arrepende de ter feito em 69 anos de vida, mas são muitos os lamentos no que diz respeito ao modo como realizou os movimentos e as escolhas mais controversas e, sobretudo, ao modo como essas escolhas foram interpretadas. Ela atribui unicamente a si mesma todas as responsabilidades e revê com orgulho a força que demonstrou nos momentos de grande dificuldade, que nunca faltaram desde os primeiros anos de sua infância. Ainda é linda, e demonstra a resistência de quem já viu poucas e boas, mas, por trás da segurança com que responde às perguntas mais pessoais, revela uma impressionante vontade de seguir o próprio percurso interior, na dolorosa consciência de cair e reerguer-se cotidianamente. Conheci-a graças a uma amiga em comum, a produtora Paula Weinstein, e devo provavelmente a essa apresentação uma atitude que se revelou desde o início generosa e disponível para falar até mesmo dos assuntos muito íntimos. "Estou habituada a tudo. Pergunte-me então o que precisar", repete, "e falo de Deus de bom grado". Em sua autobiografia, intitulada *Minha vida até agora*, resolveu falar de seus erros e intuições, dramas e sucessos, e não é certamente por acaso que muitos capítulos são precedidos por referências religiosas. Ao chegar àquilo que ela define como "o terceiro ato da própria existência", decidiu falar sobre a sua difícil relação com um ícone norte-americano, o seu pai Henry Fonda, o trauma pela morte da mãe, os graves problemas de anorexia e bulimia, o fracasso de três casamentos, o apaixonado ativismo político e a controversa viagem ao Vietnã, o período de preocupação com a saúde e a convicta adesão à religião cristã. "Descobri a grandeza do universo cristão bastante recentemente", conta, fitando-me nos olhos, "e fiquei impressionada com a ignorância que existe a esse respeito. Ignorância que até alguns anos atrás também era patrimônio dessa que vos fala".

*O que a impressionou na mensagem cristã a ponto de convertê-la?*
Um ensinamento sublime, mas também uma coisa que entendi que buscava desde menina. Penso que Cristo foi o primeiro feminista e é graças a isso que aprendi com esses ensinamentos a definir-me, hoje, como uma feminista cristã.

*O que pretende dizer?*
Que a consciência feminista é absolutamente compatível com o ensinamento cristão, e que ninguém soube celebrar

a grandeza das mulheres como Cristo. Nos últimos anos, apaixonei-me pelo estudo das Escrituras e quis aprofundar-me também na leitura dos Evangelhos apócrifos, em particular o Evangelho copta atribuído a Santo Tomás, o qual, no capítulo 22, afirma que para entrar no Reino dos Céus é necessário fazer "do macho e da fêmea [...] um único ser de modo que não exista mais nem macho nem fêmea". Creio que um dos grandes problemas da modernidade é representado pela falta desse equilíbrio.

*A sua adesão à fé cristã não segue a ortodoxia: acabou de citar os Evangelhos apócrifos.*
Creio que contêm passagens maravilhosas e esclarecedoras. Os primeiros cristãos se consideravam mais pesquisadores do que crentes: uma posição com a qual tenho muitas afinidades.

*A sua educação religiosa foi herdada de seus pais?*
Minha mãe morreu quando eu era muito jovem e meu pai era ateu. Definia a religião como uma muleta: algo útil para apoiar pessoas de convicções fracas.

*O que é, então, a religião para a senhora?*
Não a considero uma questão de tradições e dogmas, mas antes uma experiência espiritual. Quero voltar ao discurso sobre o feminismo de Cristo: creio que, com seu ensinamento, revolucionou-se a concepção segundo a qual Eva nasce da costela de Adão, quase como se fosse fruto de uma reconsideração de Deus. Isso, a meu ver, justificou séculos de misoginia. A posição de Cristo é absolutamente nova: a amizade que manifestou para

com as mulheres é absolutamente revolucionária e não foi certamente por acaso que as mulheres responderam de maneira mais apaixonada à sua mensagem de compaixão, amor e total igualdade.

*Não falou de redenção...*
Mas com certeza penso nisso. E quero acrescentar também que, desde que comecei a estudar os textos sagrados e a história do cristianismo, não fiz outra coisa senão me deparar com descobertas extraordinárias: nas primeiras comunidades cristãs, as mulheres apareciam em número muito superior ao dos homens.

*Nas primeiras páginas de sua autobiografia, a senhora afirma que a disciplina representa a liberdade: é bastante surpreendente ouvir uma afirmação desse tipo de uma pessoa como a senhora, que lutou ferozmente contra as instituições.*
É um princípio que aprendi com Martha Graham e que, durante muitos anos, me pareceu absurdo e contraditório. Hoje percebo a sua profunda sabedoria. Para permanecer no campo da dança, penso que foi a disciplina que deu a Nureyev a possibilidade de libertar-se no ar. E creio que tanto o conceito de liberdade quanto o de disciplina devem partir da necessidade de conhecer a si mesmo e a seus próprios demônios.

*Poderia falar de sua mãe em relação a suas escolhas existenciais?*
Minha mãe, Frances Ford Seymour, suicidou-se quando eu tinha 12 anos. Sofria daquilo que hoje é definido como distúrbio bipolar e tentou se curar, optando por um trata-

mento autônomo. Não conseguiu... Foi ela quem me deu a vida e me fortaleceu na dor das feridas que me infligiu.

*O livro no qual a senhora narra a sua conversão ao cristianismo é repleto de referências religiosas, que vão do Evangelho de são Mateus ao Eclesiastes, mas destacam-se também citações de outro tipo, como as de Hannah Arendt.*

O que ela disse sobre o passado sempre me fascinou: "Se não se conhece a própria história, se está condenado a vivê-la como se fosse um destino pessoal". Somos o produto de nossos pais e de seus antepassados: só conhecendo a nossa história poderemos compreender quem somos. Eu, por exemplo, sei que cada um de meus erros e de meus sucessos tem um vínculo indissolúvel com a minha família. Estou me referindo também ao passado, até às minhas origens genovesas.

*A senhora reconhece ter cometido muitos erros. Mas de quais deles se arrepende?*

Poderia ter sido uma mãe melhor para minha filha. Talvez a origem desse erro esteja no fato de que nunca me amei o suficiente e nunca me senti à altura. Quero dizer que estou trabalhando duramente para reconquistar uma relação que é fundamental para mim.

*Ao falar sobre seu casamento com Roger Vadim, a senhora fala explicitamente das relações sexuais a três às quais seu marido a obrigou.*

Posso dizer que não me arrependo daquilo que fiz, mas de como o fiz: aceitei a vontade dele para me sentir à altura dele e não me fiz ouvir. Para sentir-me amada e demonstrar que o amava, traí a mim mesma e ao meu corpo.

*Considera isso um pecado?*
Na medida do que acabei de dizer.

*Quais são os resultados obtidos nesses 69 anos dos quais, em geral, se orgulha?*
Considero que tenho filhos que posso definir como seres humanos de sucesso. No que me diz respeito, ter desenvolvido uma consciência social, ter sido às vezes corajosa e sempre curiosa. Compreendi que é muito mais importante ser interessada que interessante.

*Considera-se corajosa por sua escolha religiosa?*
Não sei se posso considerar a fé um ato de coragem, mas certamente se trata de uma experiência que muda cada elemento da existência.

*Platão dizia "kalòs gar o kíndynos", "o risco é belo", para explicar a escolha irracional da fé.*
É uma definição na qual me reconheço e que considero particularmente fascinante. Creio que se trata de algo absolutamente pessoal. No que me diz respeito, enfrentei a relação com a religião com muita diligência, estudando semanalmente a Bíblia.

*Pelo que está dizendo, fica muito evidente a sua admiração e a sua veneração pela figura de Cristo, mas talvez seja melhor aprofundarmos a sua posição sobre a Igreja.*
Tenho problemas em relação às instituições religiosas e continuo acreditando que as igrejas forçaram e censuraram alguns ensinamentos por motivos políticos, mais do que religiosos. É um dos motivos pelos quais acredito nos Evangelhos chamados apócrifos.

*Trata-se de textos que a Igreja nunca condenou.*

Nem apoiou, e no que diz respeito, por exemplo, a textos como os do livro secreto de Marcos, a Igreja realmente o suprimiu, desde o século IV, por causa do conceito segundo o qual ter a experiência do divino é mais importante do que a simples fé no divino.

*Grande parte dos debates sobre os Evangelhos apócrifos, e a conseqüente decisão canônica, deve-se ao fato de que alguns desses textos são certamente pios, mas justamente, enquanto tais, estão repletos de elementos nascidos simplesmente da tradição. Basta pensar no célebre conto das palmas que se inclinam diante de Jesus... são elementos de devoção, ao passo que, para os que crêem, o Evangelho é, antes de qualquer outra coisa, a boa-nova que leva à salvação.*

Creio que cada um deve viver esse elemento em sua própria intimidade, com autonomia e liberdade. E penso que passagens como as que citei a respeito do equilíbrio entre as duas sexualidades são esclarecedoras.

*Provavelmente o maior confronto teológico no interior do cristianismo deu-se sobretudo na relação entre a fé e as obras: refiro-me, por exemplo, à carta de são Tiago, na qual ele sustenta que a fé sem as obras não tem valor. Lutero, e depois todos os protestantes, não a consideram uma escritura sagrada.*

No que me diz respeito, penso que as obras são fundamentais e, pessoalmente, tento cotidianamente fazer alguma coisa que melhore a existência das pessoas que sofrem. Mas penso que a relação entre a fé e a experiência do divino não é menos importante.

*Não se corre o risco de assumir assim um comportamento demasiado vago e* new age*?*

Não é que esse risco me escape, mas afirmar que Jesus é a única via da salvação cheira para mim a imperialismo cristão.

*E se lhe digo:* "Extra ecclesiam nulla salus" (*Fora da Igreja não há salvação*)*?*

Respondo que talvez essa não seja a casa espiritual que busco.

*Roma, outubro de 2005*

# RICHARD FORD
*Creio na redenção da arte*

Quando o convido para conversar sobre a sua relação pessoal com Deus e a religião, Richard Ford responde imediatamente: "Mas você não sabe que sou ateu?". Explico que, obviamente, isso não muda nada e é, aliás, um elemento enriquecedor para a minha reflexão. Ele diz que quer pensar alguns dias antes de dar uma resposta definitiva. Volta a ligar do carro, dizendo que passará alguns dias em Riverdale, subúrbio residencial de Nova York, onde comprou uma casa recentemente, junto com a mulher Kristina. Mostra-se arrependido de ter aceitado lecionar na universidade ("As aulas podem até ser exaltantes, mas todo o restante do cotidiano acadêmico é um pesadelo") e diz que resolveu passar o feriado de primavera o mais longe possível do campus. "Bem, achei que poderia ser interessante trocar duas palavrinhas sobre o Padre Eterno", diz com um tom que nada tem de irônico, "mas quero ir à sua casa. Não sei por que, mas acho que será mais interessante tratar um tema do gênero em um local que eu conheça pouco". Vem se encontrar comigo num esplêndido dia de sol invernal e fica olhando longamente para o céu azul e límpido, comentando simplesmente: "Um dia glorioso". Observando-o na janela, com seu olhar desencantado e solene voltado para a beleza cristalina dos Estados Unidos, parece a própria personificação de seu país; e a energia do sorriso, assim como a vontade de enfrentar de uma vez um assunto tão inesperado quanto fundamental, demonstra que ele é o primeiro a ter consciência disso. "Então, vamos começar?", toma a frente, e depois escolhe uma poltrona na qual pode continuar a olhar pela janela, "Eu me preparei".

*Vamos logo ao ponto: você acredita em Deus, Richard?*
Não.

*Nunca acreditou?*
Muito pelo contrário: fui educado de forma religiosa e até os 21 anos freqüentei regularmente a igreja.

*Fale de sua educação familiar.*
Sou metade irlandês e metade pele-vermelha, mas, no que diz respeito à religião, minha educação foi protestante. Os Ford vêm de uma região meridional da Irlanda do Norte: era uma área de conflitos duros e violentos. Um de meus bisavós era reverendo e meus pais eram muito religiosos. Minha mãe foi educada em uma escola mantida por freiras católicas e, por toda a vida, conservou uma relação muito intensa com essa realidade. Apesar disso, fui educado se-

gundo os ditames da tradição presbiteriana e, quando era menino, no Mississippi, além do ofício dominical, freqüentava uma missa nas noites de quarta-feira e também o coral.

*O que aconteceu depois?*
Comecei a sentir um mal-estar crescente: tinha a impressão de não fazer mais que perpetuar rituais mecânicos. A religião não me dava nada.

*Não acha que a religião também significa dar e não apenas receber?*
Certamente, mas creio que o fato de receber ou de sentir alguma coisa capaz de mudar a existência representa, de todo modo, um aspecto imprescindível disso. No que me diz respeito, não sentia o salto que a fé deveria oferecer, mas apenas um rito vazio e desprovido de sentido.

*Quando se deu a reviravolta?*
Tenho uma lembrança precisa: tinha 21 anos e estava na universidade em Michigan. Estava indo para a igreja, como todos os domingos, e, de repente, perguntei-me qual era o sentido daquilo. Senti um movimento de desilusão e rebelião. Aquele momento, que considero até hoje o marco do fim de uma frustração, coincidiu com a decisão de tornar-me escritor.

*Podemos dizer que a sua religião é a escrita?*
Absolutamente sim e quero enfatizar que as duas escolhas estão intimamente ligadas. Lembro-me com clareza da sensação de ter tentado de todas as formas, desde menino, procurar todas as oportunidades de crer...

*Isso que você descreve testemunha uma aspiração.*
E é, porém, satisfeita pela escrita.

*O que representa a morte para você?*
O fim. Espero não me dar conta neste exato momento de que me enganei a respeito de tudo. Mas de todo modo seria tarde demais.

*A religião ensina que nunca é tarde demais.*
Não posso excluir a possibilidade de que uma parte de mim me diga exatamente isso. Mas não é um argumento que me coloco: minha religião e meu motivo de vida é a arte. Gostaria de citar uma frase de Wallace Stevens que tenho sempre em mente: "Nos períodos em que o credo some, é tarefa do poeta satisfazer a fé em medida e estilo".

*Mas trata-se de uma ilusão ou de algo real ou que oferece salvação?*
Creio na redenção da arte e gostaria de citar também uma passagem maravilhosa da segunda epístola de São Paulo aos hebreus: "A fé é a garantia dos bens que se esperam, a prova das realidades que não se vêem". No meu caso, a arte e, particularmente, a escrita deram um sentido à existência inteira. Até o momento em que fiz essa descoberta e, conseqüentemente, a escolha de ser um artista, sempre senti que me faltava algo, seja no plano mundano, seja no plano espiritual.

*O que pensa, hoje em dia, dos anos de adolescência quando era crente?*
Não posso nem dizer com certeza que acreditava. As sensações mais fortes são ligadas a outros momentos: meu pai que morreu

quando eu tinha 16 anos e me deixou sem ninguém que me dissesse o que eu não devia fazer. E os anos seguintes, em que me alistei na marinha e depois procurei trabalho na CIA.

*Na CIA?!?*
Justamente. E até fui aceito, depois de um processo muito longo, mas resolvi não aceitar o trabalho porque decidi que o ofício de escritor era muito mais apaixonante.

*Qual é a sua opinião sobre a frase de Dostoievski que diz: "Se Deus não existe, tudo é possível"?*
É uma afirmação marcada por uma alta impostação ética que, no entanto, não pode ser a única existente. Continuo a pensar que a redenção pode acontecer de outras formas: Henry James sustentava que "é a arte que faz a vida e que a torna importante".

*Você sente a exigência de uma ética comum a ser compartilhada?*
Certamente, mas não sinto a necessidade de alguma coisa proveniente do exterior. O que me vem à mente é a época em que tentava rezar e, frustrado, sentia que meu corpo não ficava mais leve. Não escondo que me sinto feliz por ter me libertado da religião.

*O que sente em relação aos que crêem? Você os considera iludidos, enganados?*
Não digo isso: acredito que qualquer caminho pessoal é válido. Mas não tenho grande consideração pela religião institucionalizada: em várias ocasiões, tenho visto comportamentos carolas que levam à exclusão. E vejo a corrupção do dinheiro.

*Isso também aparece abundantemente na arte e não prejudica sua importância.*
   Isso é uma degeneração, não a essência: a arte é gratuita.

*Pode-se dizer o mesmo da religião.*
   É verdade, mas as expectativas e as pretensões comportam uma sacralização que é traída com muita freqüência. Para voltar à sua pergunta sobre os que crêem, eu os vejo unicamente como seres humanos livres.

*Entre os escritores que trataram de temas religiosos, algum o apaixona particularmente?*
   Chaucer, também e talvez sobretudo por sua abordagem satírica. Mas J. F. Powers também, embora seja menos interessante quando fala da religião de maneira demasiado explícita, e tudo se resolve no conflito entre corpo e alma.

*Mas é Cristo em pessoa quem diz: "A alma está pronta, mas a carne é fraca".*
   Eu sei, mas é provavelmente o conceito de Deus que me é alheio. Embora você continue a me estimular sobre esses temas, continuo a pensar na arte e na maneira como a identifico com a divindade. Há quem diga que a presença de Deus se observa nos detalhes e acho que se pode dizer a mesma coisa a respeito da arte.

*A seu ver, a que podemos atribuir esse renascimento religioso que assalta o mundo inteiro?*
   Não sou capaz de dar uma explicação única. O que me ocorre de imediato é o grande carisma de alguns líderes

religiosos, ligado obviamente à exigência eterna de respostas. Pergunto-me, todavia, se estamos diante de um verdadeiro renascimento ou de um dado constante que nós, no interior de sociedades secularizadas, percebemos com maior intensidade. Há também o dado político e o abuso cínico e muito perigoso que se faz da religião.

*Você compartilha a definição de Marx da religião como ópio do povo?*
Limito-me a não comentá-la.

*O que quer dizer com isso?*
Que para mim está bem que tenha sido dita, mas de minha parte também não a transformo numa religião. E considero que é justo afirmar igualmente alguma coisa que vá na direção oposta.

*Nova York, março de 2005*

## Paula Fox
*Deus é o nome de algo que não entendo*

Paula Fox me recebe em sua *brownstone* na Clinton Street em uma esplêndida manhã de outono. Antes de instalar-me em seu escritório, ela me leva para admirar o jardim nos fundos da casa, caracterizado em igual medida pela beleza e pela desordem, e me mostra algumas estampas reproduzindo trechos de cidades italianas e aquilo que define como sua "galeria": um conjunto de fotografias de pessoas queridas e desenhos realizados pelos netos. É impressionante a desenvoltura de seus movimentos, que parecem negar os seus 82 anos de vida, e a refinada gentileza da acolhida, que contrasta com a convicção das idéias proclamadas com humilde, mas absoluta firmeza. Aceitou de imediato conversar sobre sua relação pessoal com a religião e parece impressionada com a escolha desse tema: "É um assunto de enorme atualidade", afirma com o sorriso de quem quer descobrir se pode realmente confiar em seu interlocutor, "mas nunca me aconteceu de falar sobre isso diretamente em uma entrevista. Em geral, fala-se sobre livros, política ou coisas bem mais superficiais".

*Não lhe parece estranho?*
Certamente. Mas não se pode subestimar o fato de que se trata de uma questão privada.

*Que, no entanto, não pode ser negada em público.*
Uma coisa é negar, outra é viver de maneira pessoal.

*Creio que chegou o momento de perguntar-lhe se a senhora crê.*
Não, não creio. E sobretudo não creio na imagem comum de Deus, masculina.

*Tem uma imagem particular?*
Não sendo crente, não posso tê-la, mas devo acrescentar, ainda respondendo à pergunta anterior, que creio no mistério e na beleza. E ambas as coisas acabam por encontrar uma representação. Considero que aquilo que é definido como Deus é a resposta que cada um de nós encontra para obedecer a uma lei interior própria.

*Fale de sua educação religiosa.*
Minha mãe era cubana de origem espanhola e descendia diretamente de um representante da Santa Inquisição, de nome Felix Del Camino. Acho que esse seu antepassado a levou a uma atitude de total distanciamento da fé e, no que me diz respeito, contribuiu para que eu visse com hostilidade todas as formas de fundamentalismo. Meu pai

também era ateu, embora de formação protestante, assim como meu avô. Mas lembro-me, em ambos, de qualidades de solidariedade e de compartilhamento que defino, sem problema, como espirituais.

*Qual foi o seu primeiro encontro com a religião?*
Fui criada até os 5 anos e meio por um ministro protestante congregacionista. Vivíamos em uma grande casa junto ao Hudson, a mais de 27 quilômetros da igreja, e ainda me lembro das viagens de carro para o local onde ele celebrava os ofícios religiosos. Era um homem maravilhoso e muito divertido, a quem devo muito. Deixava que eu brincasse em seu escritório enquanto ele preparava os sermões, e lembro que uma vez consegui convencê-lo a falar na igreja da força das cascatas.

*Não acreditava nem mesmo nesse período em que freqüentava a igreja?*
Houve um momento em que tive uma exaltação mística que durou alguns meses. Tinha cerca de 10 anos e foi quando comecei também a cantar no coro da igreja. Mas um incidente idiota fez passar meu entusiasmo: um menino tinha colado com chiclete as páginas das partituras. Acho que essa crise representou um sinal evidente do fato de que não se tratava de uma coisa muito séria. Lembro que vivia, naquela época, numa condição de exaltação e felicidade. Mas posso dizer que me aconteceu de viver essa mesma situação considerando ou não a presença de Deus.

*O que ainda lhe agrada na religião?*
Amo a exaltação do perdão, da humildade e a compreensão da fragilidade humana. Alguns dias atrás aconteceu de eu me chocar acidentalmente com um homem que tinha vindo entregar uma encomenda. Quando me desculpei, ele disse: "Nunca peça desculpas: é um sinal de fraqueza". Não sei se queria ser gentil e fazer com que eu não me sentisse constrangida, mas creio que uma concepção desse gênero é profundamente desprovida de qualquer educação religiosa.

*Como reagiu?*
Tentei replicar garbosamente, dizendo: "Ao contrário: pedir desculpas é um sinal de força". Mas gostaria de continuar a falar do que amo na religião: as igrejas, particularmente as catedrais. E amo a arte sacra, sobretudo dos séculos XVI e XVII. Não posso ouvir Bach sem pensar que era um organista e que grande parte de suas composições é sacra. E ouvindo a sua música, experimento acima de tudo uma grande alegria. Ultimamente, estive em Assis e creio que é impossível, mesmo para o ateu mais inveterado, não sentir alguma coisa de particular e indefinível. No que me diz respeito, quando visitava a capela de Porziuncola, com o monte Subásio dourado pelo crepúsculo bem em frente, senti que me encontrava diante do mistério. Experimentando tais sensações, digo a mim mesma que a religião pode representar o nível mais alto da tentativa de encontrar uma resposta para as questões que a existência nos propõe.

*O que pensa dos que crêem?*
Tenho o máximo respeito, como tenho por todos aqueles que buscam. Um dos meus melhores amigos é uma pessoa que estudou no seminário, decidiu em seguida que não se ordenaria padre, mas nunca perdeu a fé. Temos conversas muito longas sobre o sentido da vida e não acho que possa dizer que ele está errado. Por outro lado, porém, os cristãos renascidos e os fundamentalistas me assustam ao tentar impor a sua visão do mundo negando até as mais óbvias verdades científicas. Creio que, na realidade, o comportamento deles é perigoso e até mesmo distante da religião.

*Para uma atéia como a senhora, o que um líder religioso representa? Um impostor?*
Não, absolutamente. Tenho, por exemplo, uma grande consideração pelo Dalai Lama, e admirei muito João Paulo II: senti nos dois a honestidade e a força de suas convicções religiosas. É bem verdade que a história de cada religião oferece também exemplos desastrosos e não quero nem levar em consideração as seitas que proliferam neste país. Mas elas têm muito pouco a ver com religião.

*Como se coloca diante de artistas para os quais o elemento religioso é imprescindível?*
Posso responder que entre os meus artistas preferidos, em dois campos completamente diversos, estão Flannery O'Connor e Domenikos Theotokopoulos, ou seja, El Greco. A dedicação absoluta dos dois em relação a algo que consideravam superior a eles me comove.

*Nunca teve uma imagem de Deus, nem mesmo em seu breve momento "religioso"?*
Era uma imagem completamente vaga. Hoje em dia, considero absolutamente desrespeitoso personalizar e tornar humano algo que não conhecemos, nem podemos compreender. Creio, de fato, que cada coisa é Deus: é o nome de algo que não entendo e que ninguém pode compreender. Creio que Deus, ou aquilo que os crentes definem como Deus, está em todos os aspectos da natureza: nas girafas, na minha gata Lucy e até nas baratas.

*O que vai acontecer depois da sua morte?*
O futuro é feito de cinzas, vermes e ossos. O que me vem à cabeça é a intuição de Walt Whitman em *Folhas de relva*, com as gerações que seguem adiante e sucedem-se. Pessoalmente não consigo imaginar um paraíso: embora tenha um respeito verdadeiro pelos que crêem, considero que se trata de uma idéia infantil.

*Existe alguma coisa em relação à qual a senhora se coloca numa atitude de fé?*
A verdade. Penso que buscar a verdade é aquilo que torna a vida suportável. Algum tempo atrás, tive uma iluminação enquanto corrigia um manuscrito, e daquele momento em diante jurei a mim mesma que cada coisa escrita por mim teria de ser sincera, incluindo os artigos e as conjunções.

*A senhora vive em um país em que 90% das pessoas se declaram crentes em Deus.*
É um número extraordinário, mas posso falar também de uma estatística que diz que 60% dos norte-americanos pensam que o Sol gira em torno da Terra.

*Perdoe-me, mas o que tem a ver a fé com a ignorância?*
É uma pergunta legítima para um crente, mas não para uma atéia. Para voltar à questão que colocou, eu me sinto em casa neste bairro, mas uma estranha neste país.

*A senhora pensa que os Estados Unidos estão vivendo uma deriva fundamentalista?*
Deriva talvez seja um termo exagerado, mas é certo que a fé militante adquiriu um peso que não tinha no passado, com conseqüências políticas e sociais evidentes. E gostaria de acrescentar, como atéia, que me sinto ofendida quando utilizam o nome de Deus com toda essa facilidade para justificar e dar força às próprias convicções.

*Nova York, novembro de 2005*

## Jonathan Franzen
*A realidade é uma ilusão*

Jonathan Franzen mudou-se recentemente de casa, mas não quis se afastar do Upper East Side. A nova casa é resultado da fusão de dois apartamentos de um elegante *brownstone*, localizados logo no início da Lexington Avenue. É decorada de maneira minimalista e meticulosamente ordenada. Ele me recebe com gentileza e espanto: "Temo ter pouco a dizer sobre Deus", mas depois sorri, como se quisesse corrigir a tirada, mas não tivesse coragem. Pergunta sobre os filmes a que assisti recentemente, sobre alguns amigos em comum, mas depois resolve que não é mais o caso de usar de evasivas e enfrenta o assunto que eu já lhe tinha adiantado.

*Comecemos pela pergunta-chave: acredita em Deus?*
O que você entende por Deus? Que definição dele você dá?

*Um ser onipotente que nos criou.*
[*Jonathan fica em silêncio, reflete e depois sacode a cabeça.*]
A verdade é que não tenho uma resposta precisa.

*Como assim?*
Uma parte de mim acredita, mas tem problemas muito sérios para definir esse ser onipotente. Eu certamente não creio na imagem clássica de Deus.

*Por que não começamos com a sua educação religiosa?*
Meu pai era um "ateu militante", convicto da maneira mais absoluta da inexistência de Deus, mas que, todavia, ensinou-me a ir à igreja. Estava convencido da bondade dos ensinamentos cristãos e de que a doutrina indicava, de todo modo, boas ações. Ele também freqüentava a igreja e reconhecia sua autoridade moral. Acreditava na grandeza de Cristo, embora para ele Cristo fosse um pensador e não o filho de Deus.

*Isso me faz lembrar a máxima de Benedetto Croce que diz que "não podemos não nos dizer cristãos".*
Parece-me apropriado, mas a história da minha educação religiosa é ainda mais complicada.

*Como assim?*
Quero dizer que o pai de meu pai era, por sua vez, um ateu que não tinha a mínima consideração pela religião. Sua atitude era, na realidade, oposta à de meu pai: para ele, tratava-se quase de um logro. E as coisas não paravam por aí: minha mãe era católica, embora não muito praticante.

*O que você se lembra de suas experiências na igreja?*
Do mistério, mas também da firme decisão de não acreditar em nada daquilo que ouvia. Tratava-se de uma igreja congregacional do Missouri, que freqüentei desde o ensino fundamental até o final do ensino médio e na qual ouvia histórias extraordinariamente sugestivas. Mas hoje, à distância de anos, eu me pergunto: o mar Vermelho foi realmente aberto? Talvez. Cristo realizou milagres e ressuscitou? Não posso excluí-lo.

*Desculpe, Jonathan, mas esta última asserção é bastante clamorosa: como você pode pensar que a ressurreição é possível e ao mesmo tempo não acreditar?*
Antes de qualquer coisa, devo dizer que se trata de histórias belíssimas, mas sei que isso pode parecer apenas uma resposta de escritor. Digamos que, se Deus existe, ele opera de maneira tão misteriosa que para mim resulta quase irrelevante. Mas, ao mesmo tempo, insisto em dizer que uma parte de mim é crente.

*Que imagem tem desse Deus no qual acredita, embora apenas em parte?*
Não tenho uma idéia definida: sei que não é um ser onipotente que domina tudo o que existe como se estivesse diante de um posto de comando. Francamente, não acredito no Deus que responde às preces, mas acho que tudo o que vemos com os nossos olhos e vivemos com os nossos sentidos é, na realidade, uma ilusão. Não sou materialista e, além dessa ilusão, sei que existe algo de maior e importante. Creio que existe algo de eterno e tenho um grande respeito por qualquer experiência mística. É uma parte essencial da minha vida.

*Nunca pensa na morte?*
Claro.

*E o que ela é para você: o fim de tudo ou uma passagem para algo diverso?*
Para mim representa o mistério e, aliás, o maior mistério entre todos os mistérios. Quando tenho medo, por exemplo, quando viajo de avião, fico pensando que, se eu realmente morresse, iria para o lugar onde os meus pais estão.

*Vamos voltar no tempo: qual era a sua idéia de Deus na época em que freqüentava a igreja?*
Mesmo naquela época era uma coisa bastante indistinta, mas era próxima da imagem de Aslan, o leão de *As crônicas de Nárnia*, de C. S. Lewis. É um animal grandioso, de alento doce. Aterroriza, mas, se o seu coração for puro, ele o conforta.

*Aslan morre para salvar o mundo. Lewis faz dele uma figura não apenas divina, porém mais especificamente cristológica.*
É verdade, mas isso só faz valorizar a minha sugestão.

*Pedi a quase todos os meus interlocutores que comentassem a frase de Dostoievski que diz: "Se Deus não existe, tudo é possível".*
E o que responderam os outros?

*Prefiro não dizer e permitir que você responda sem ser influenciado.*
Dostoievski é obviamente um dos gigantes da literatura e um dos meus escritores preferidos. Mas, honestamente,

creio que nisso ele estava enganado: a meu ver, existe um senso moral intrínseco em cada ser humano que prescinde da existência de Deus.

*Dostoievski sugere que esse senso moral não é suficiente ou pelo menos que, sem o conhecimento de uma entidade onipotente e paterna, o homem constantemente comete atrocidades.*
O homem comete atrocidades também em nome de Deus.

*É verdade, mas isso me parece ser a degeneração de um credo ou, se preferir, a blasfêmia desse credo. Outra coisa bem diferente é uma existência que não contempla entidades e, portanto, não tem nenhum tipo de impedimento moral senão aqueles que são confiados ao indivíduo singular.*
Creio que Dostoievski, com sua imensa arte, tenha contribuído de maneira imprescindível para a compreensão do indivíduo como uma entidade de múltiplas realidades, sensibilidades e experiências, mas estou convencido de que o seu talento de artista ou de psicólogo era superior ao de filósofo ou teólogo.

*Na literatura contemporânea, quais são, na sua opinião, os escritores em que o espírito religioso está presente com mais força?*
O nome que me vem à cabeça é o de Don De Lillo, em quem é possível sentir a educação jesuítica e que é, a meu ver, um escritor místico. Mas também David Means e Dennis Johnson. Do lado oposto, eu destacaria Alice Munro, que se insere na tradição grega e pagã.

*Um dos temas centrais desses anos é o papel da religião na política.*

Acho que é necessário ser bem claro: qualquer degeneração fundamentalista – estou me referindo, obviamente, a qualquer tipo de culto – deve ser condenada. E certamente não quero nem colocar em discussão a separação entre Estado e Igreja. Não posso negar, contudo, o peso que as religiões têm tido no progresso civil e, muitas vezes, nas batalhas políticas. Basta pensar, por exemplo, no que aconteceu neste país com o abolicionismo e, portanto, na batalha pelos direitos civis conduzida por um grande líder religioso como Martin Luther King.

*Vamos continuar com o tema da separação entre Estado e Igreja: como deveria comportar-se, na sua opinião, uma pessoa que, praticando os ditames de sua fé, encontra-se dentro de um Estado que, por exemplo, permite por lei o aborto ou a eutanásia?*

Creio que é um direito dessas pessoas contestar legalmente essas leis. E creio que é um comportamento laico saudável compreender a atitude dessa pessoa que crê.

*O que responderia a quem sustenta que os ateus não existem, mas apenas crentes e idólatras?*

Que se eu tivesse uma resposta clara, provavelmente teria respondido de maneira mais resolvida à primeira questão. Obviamente esse é o tormento que fica na alma de toda pessoa que não crê ou que tem uma posição dúbia. O que me ocorre é que todos aqueles que estão convencidos dessa distinção estão convencidos também de que todos os demais são potencialmente convertíveis.

E, obviamente, isso é coerente. Mas eu, francamente, permaneço em dúvida. Posso responder de maneira jocosa que a minha religião são os livros e que os crentes são aqueles que lêem. Instintivamente, pessoas que não lêem não me interessam, mas logo entro em crise quando penso em sua humanidade, no motivo de suas escolhas e no fato de que talvez essa minha espirituosa divisão tenha algo de fundamentalista.

*Nova York, novembro de 2004*

## SPIKE LEE
*Eu já não sentia nada na igreja*

Encontro Spike Lee na sala de conferências do décimo andar da Tisch School of the Arts da Universidade de Nova York. Veste uma camiseta laranja e um boné dos Yankees, o time de beisebol de Nova York. Nós nos conhecemos há muitos anos e, desde que resolveu ensinar no mesmo departamento que eu, encontra sempre um tempo para perguntar-me por notícias do cinema italiano. Aceitou debater sobre a sua relação com a religião assim que o chamei, mas quis que o encontro acontecesse imediatamente. "Amanhã tenho de começar um *spot* sobre os Knicks", disse, "e, em seguida, começa a preparação de um filme. Aí sabe-se lá quando poderemos nos falar... O assunto que você pretende abordar me parece sério: é melhor enfrentá-lo logo".

Quando cheguei ao lugar marcado para o nosso encontro, ele estava estudando um projeto intitulado *Eventual salvation* (Salvação final). Folheava o manuscrito com grande interesse e quando lhe perguntei, de gozação, se ele estava se preparando para a entrevista, ele respondeu:

"Trata-se de um projeto que um estudante me entregou para avaliação. Mas se quisermos falar imediatamente de espiritualidade, você certamente percebeu que se trata de um tema reiteradamente presente em meus filmes".

○

*Gostaria de refletir sobre algo de mais íntimo, mas comecemos com o seu cinema. Em que filmes você abordou esses temas?*
Em *Malcolm X*, com certeza, mas também no documentário *Quatro meninas – Uma história real*. E, depois, quem sabe? Talvez esses temas estejam presentes, embora ocultos, em todas as histórias que já contei.

*Comecemos com Malcolm X.*
Considero que se trata, antes de qualquer outra coisa, da história de uma redenção, de uma transformação e de uma viagem. No filme, creio que isso fica absolutamente evidente na longa seqüência da viagem de Malcolm X a Meca. A história que eu quis contar celebra, antes de tudo, o despertar de uma consciência e de uma alma.

*Na cena final do filme, Malcolm X dirige-se conscientemente para o local onde será morto: parece que estamos vendo a subida de Cristo ao Gólgota.*
Não é a primeira pessoa que me fala disso, e eu não o nego. Quero, aliás, destacar que pouco antes do momento em que Malcolm X entra no local em que será

massacrado, um mulher negra se aproxima e diz: "Jesus vai rezar por ti".

*Por que citou justamente Jesus?*
Porque os ensinamentos de Jesus são sublimes e creio que aquela mulher o teria consolado apelando para a própria fé.

*Por que você falou também em* Quatro meninas – Uma história real*?*
Antes de tudo, porque o assassinato das quatro meninas negras acontece no interior de uma igreja. O fato de que um local de prece seja violado com uma bomba torna o ato ainda mais abominável e blasfemo. Naquele período marcado pela segregação e pelo racismo, as igrejas representavam, mais do que qualquer outra coisa, o coração da comunidade afro-americana, e o assassinato de quatro meninas inocentes assume um terrível significado simbólico. É uma violência contra o Deus que elas veneravam, perpetrada em nome do ódio racial. E é uma violência por parte de pessoas que, em alguns casos, estavam convencidas de que veneravam seu próprio Deus.

*A religião é portadora de amor ou desencadeia o ódio?*
São os homens que podem desencadear o ódio interpretando a religião a seu modo, assim como são as religiões demasiado humanas que podem desencadear o ódio.

*A religião pode melhorar o mundo?*
Uma coisa são os ensinamentos ou os mandamentos, outra, a religião organizada e, sobretudo, aqueles que as

representam. Basta pensar em quantos abusos foram cometidos em nome de Deus nesses anos de conflitos religiosos. Basta pensar em como ele foi invocado por quem matou e incitou a matar. E basta pensar em um pregador protestante como Pat Robertson que fez votos, na televisão, de que o presidente da Venezuela, Chávez, fosse assassinado.

*Mas voltemos um instante ao cinema: qual é o primeiro filme que lhe vem à mente no qual esteja presente uma forte aspiração espiritual?*
Sem dúvida, *Sindicato de ladrões*.

*É um grande filme, extremamente controverso...*
A controvérsia e a antipatia com que determinado mundo o vê devem-se à posição de Elia Kazan a respeito do macarthismo. Mas isso não tem nada a ver com o caráter espiritual do filme: antes de qualquer outra coisa, *Sindicato de ladrões* é uma história de redenção e salvação contada maravilhosamente e com enorme paixão. Como cineasta, sempre me conquistou a grandeza da direção, da interpretação e do roteiro de Budd Schulberg. O filme, entretanto, tem uma dimensão espiritual e não podemos esquecer que há na figura fundamental do sacerdote interpretado por Karl Madden. Se for possível dar outros exemplos, posso lhe confessar que sou fascinado por filmes que remetem a cultos antigos, como *Orfeu negro*, por exemplo, que retoma o mito de Orfeu e Eurídice.

*Fale-me de sua educação religiosa.*
Meus avós, de ambas as partes, eram muito religiosos, porém os meus pais já o eram bem menos. Creio que continuei a acentuar essa tendência.

*De que religião estamos falando?*
Eram ou, se preferir, somos batistas do Sul. Creio que o início do progressivo distanciamento coincidiu com o deslocamento da família para Nova York. Meu pai vinha de Snowville, um povoado muito pequeno do Alabama, enquanto minha mãe é de Atlanta, na Georgia, cidade em que eu também nasci. A minha infância foi marcada e caracterizada pelos domingos na igreja. Lembro-me dos ofícios muito longos, durante os quais eu não conseguia ficar parado. Lembro-me de meu pai gritando comigo na volta para casa. E lembro, sobretudo, que não compartilhava a fé do restante da assembléia. Recordo que, além do rito, que hoje me parece bastante sugestivo e sob alguns aspectos comovente, eu não sentia nada.

*Quando você percebeu que não acreditava?*
Para dizer a verdade, não me lembro de um momento em que eu tenha verdadeiramente acreditado.

*O que a fé representa para você?*
Uma coisa que não tenho.

*E a religião?*
Alguma coisa demasiadamente humana, que interpreta e às vezes deturpa a espiritualidade.

*Qual é, a seu ver, a diferença entre espiritualidade e religião?*
Creio que existe uma entidade superior, mas não creio na religião organizada e institucionalizada.

*O que é que não o convence?*
A religião organizada é dirigida pelos homens.

*E por quem deveria ser dirigida?*
Digamos que os homens transformam-na segundo sua própria imagem e semelhança.

*A Bíblia ensina que Deus criou o homem à sua imagem e semelhança.*
Justamente por isso o contrário me assusta. E, de todo modo, a Bíblia tem um valor preciso e imprescindível para quem é crente.

*Só para quem é crente?*
Obviamente, existem infinitos ensinamentos que transcendem a fé, mas não creio que se possa utilizá-los como ponto de referência sobre argumentos de fé quando a fé, justamente, não existe.

*Acontece alguma vez de você sentir a presença de Deus na vida cotidiana?*
Sinto uma presença superior, que não sei se defino como Deus, quando estou com minha mulher e meus filhos. Creio firmemente na família, embora saiba que esse é um cavalo de batalha de muitos reacionários. E creio que o homem é instintivamente voltado para o bem e sabe o que é certo e o que é errado.

*Como explica, nesse caso, momentos abomináveis da História como o Holocausto e a escravidão?*
Os homens são frágeis e imperfeitos e podem cometer erros terríveis. Tragédias e abominações como as que citou

fazem parte da experiência humana. O homem pode e sabe alcançar o bem, percorrendo um caminho difícil e longo, no qual toda a sua fragilidade vem à luz.

*Mas na sua opinião Deus é ausente, distante ou misterioso?*
Gostaria de ter uma resposta precisa, mas não tenho. Sinto que existe uma presença, mas não sei se posso chamá-la de Deus.

*Muitos dos meus interlocutores refletiram sobre a frase de Dostoievski que diz: "Se Deus não existe, tudo é possível".*
Pergunto-me qual é o Deus de quem Dostoievski fala. Cada um pode construí-lo como quiser. O que me vem à mente é o que Joe Louis declarou durante a guerra: "We're in God's side" ("Nós estamos do lado de Deus"). Uma remissão ao onipotente é insuperável, e conseguir convencer os próprios soldados de que Deus está a seu lado é uma arma imbatível. Mas que sabemos nós sobre o que Deus pode pensar, se não sabemos nem mesmo se Ele existe? Não sei se estou enganado, mas os alemães também não diziam: "Got mit uns" ("Deus está conosco")?

*Você acredita que possa existir um ateu puro ou, de fato, trata-se de uma pessoa que, sem acreditar em Deus, acaba acreditando em ídolos?*
É a dúvida que atormenta cada pessoa que fechou a porta à fé. Posso responder que sempre tive problemas em relação a posições absolutas. Talvez seja a marca do caminho que estou percorrendo.

*Você acha que, para um artista, a religião é um elemento de enriquecimento ou um peso?*

A história da arte teve a religião como tema durante séculos. E muitos grandes artistas foram profundamente religiosos. Mas o cerne da questão é a utilização que se faz disso. A arte é um instrumento para elevar-se.

*Acha que é possível julgar uma obra prescindindo daquilo que ela conta?*

Sim, embora seja uma coisa que tenho de admitir com dor.

*O que quer dizer?*

Que, por exemplo, Leni Riefenstahl era uma grande diretora de cinema, estudada e imitada ainda hoje (basta pensar em *Guerra nas estrelas*), mas que aquilo que ela contava era abominável. Veja também D. W. Griffith: ninguém discute que *O nascimento de uma nação* é um marco, mas há nele também uma exaltação do mais violento e visceral racismo, e durante a própria realização do filme foram cometidas muitas atrocidades contra os negros. E, da mesma forma, John Ford: um grande cineasta que não consigo amar. Em seus filmes o único índio bom é o índio morto. Retornando, portanto, ao nosso discurso original, penso que a arte representa a tentativa humana de sublimar-se e carrega consigo as fraquezas dos respectivos autores. Mas o resultado nos oferece muitas vezes a intuição da perfeição. Talvez de Deus.

*Nova York, setembro de 2005*

## Daniel Libeskind
*Nós cremos no mesmo momento em que vemos*

Encontro Daniel Libeskind num dia abafado do final de junho. Das amplas janelas de seu escritório de arquitetura, de frente para o Marco Zero, a vista chega até o oceano que se insinua na baía de Nova York e as pequenas ilhas que deram boas-vindas aos milhões de imigrantes. Poucas zonas de Manhattan comunicam imediatamente uma impressão análoga de poder, e a sensação de opressão com que os passantes que enchem a região de Wall Street reagem ao calor contrasta com o alívio do ar condicionado que, de imediato, transforma o escritório num lugar protegido e privilegiado. Na sala de reuniões em que me recebe, espalham-se cartazes com escritos em hebraico e uma grande maquete que oferece uma visão de como a grande área martirizada pelos ataques terroristas de 11 de Setembro vai ressurgir. Quando chega, Libeskind percebe que estou admirando o seu trabalho, e explica imediatamente que se trata de um projeto superado e que, no estado atual, já não existe uma maquete precisa. "Como, aliás, acontece também com esse outro projeto", diz ele com um misto de entusiasmo e atenção ao medir as palavras, enquanto me acompanha até uma outra maquete. "Trata-se de um grande centro que estou criando para Cingapura. A arquitetura continua a evoluir a partir do momento em que foi criado um projeto. E não se acaba nunca de melhorar as próprias intuições." É um homem de estatura baixa, cordial e de sorriso pronto, que se "diz curioso e disponível" para falar de temas tão íntimos e "absolutamente honrado" por aparecer na companhia de personagens que sempre admirou. "Podemos começar?", pergunta, pegando-me no contrapé. "Claro", replico e tento manter o seu ritmo, abordando imediatamente o cerne da questão.

*Acredita em Deus?*
Creio que é uma pergunta que chega sempre tarde demais.

*Como assim?*
Trata-se de uma pergunta retrospectiva. Crer é uma parte imprescindível da nossa experiência cotidiana. Nós cremos no mesmo momento em que vemos.

*Qual é a sua idéia de Deus?*
Não tenho uma idéia precisa, nem creio que seja possível ter uma.

*Derek Walcott respondeu que sua imagem de Deus ainda é aquela de sua infância: um homem maduro, barbudo e da raça branca.*

É uma imagem sugestiva, mas pessoalmente eu nunca imaginei o Padre Eterno. Creio, aliás, que nem é possível imaginá-lo, mas apenas escutá-lo, talvez.

*O senhor já o escutou?*

Cotidianamente. E tento fugir da tentação de procurá-lo unicamente no momento de necessidade.

*O senhor, portanto, o sente ou sente sua presença, mesmo nos momentos de certeza...*

Absolutamente: creio que é uma das próprias definições da vida. Nós não nos criamos sozinhos.

*São Paulo define a fé como "a prova das coisas que não são vistas".*

É uma definição perfeita, com a qual estou de acordo.

*Considera-se um homem de fé?*

Nunca pensei nisso, nem me coloquei o problema, mas penso que sou.

*Acredita em alguma religião codificada?*

Respondo dizendo que sou judeu. E que sou proveniente de uma família chassídica, no âmbito da qual meu pai foi a pessoa que se rebelou contra os ditames da religião. Fui, portanto, educado de maneira muito secular.

*E como a parte chassídica de sua família reagiu?*
Como se podia prever... Mas essa diversidade está presente desde sempre na história do hebraísmo, que produziu também anarquistas e revolucionários.

*O senhor foi educado para rezar? Para freqüentar a sinagoga?*
Não, mas devo dizer que, quando penso em uma pessoa de grande espiritualidade, penso justamente em meu pai: um homem que dizia que não acreditava em Deus.

*Obviamente, jamais me atreveria a pôr em dúvida o que acabou dizer a respeito de seu pai; no entanto, não acha que identificar a religiosidade fora da religião codificada abre espaço para o risco de uma espiritualidade genérica e cômoda?*
Esse risco pode, com certeza, existir, e talvez até com freqüência, mas o que me parece mais interessante é que da espiritualidade não se escapa. No que diz respeito ao meu caso, por exemplo, creio que o fato de ser judeu contempla a relação ineludível com a religião, mas não consegue exauri-la. Meu percurso pessoal é certamente espiritual, mas não seguiu, por exemplo, o itinerário da ortodoxia.

*Existem elementos religiosos em seu trabalho?*
Certamente que sim: creio que todo projeto seria falacioso caso remetesse apenas a si próprio ou buscasse a harmonia apenas em si mesmo. Mesmo quando não o admitimos, a espiritualidade é uma dimensão da existência. Só nos lembramos disso muito raramente, quando, por exemplo, ficamos sem palavras diante do mistério ou da beleza perfeita.

*Em seu campo de trabalho existem arquitetos nos quais é evidente uma bagagem ou uma aspiração religiosa?*
O primeiro nome que me vem à cabeça é, obviamente, Antoni Gaudí. Mas sob alguns aspectos é até óbvio demais. Sempre fui fascinado pela ineludível espiritualidade de uma pessoa considerada herética, como Le Corbusier, ou de um místico como Ludwig Mies Van Der Rohe, que lia Santo Tomás e Santo Agostinho e tinha seus textos na cabeceira da cama. Eu chegaria mesmo a dizer que nunca houve um grande arquiteto cuja obra não tivesse um forte elemento de espiritualidade.

*Estendendo o discurso para a arte, pode me citar um artista no qual reconhece um profundo sentimento de Deus?*
Gostaria de reverter a sua pergunta. Convido qualquer um que não creia em Deus a ouvir Bach. É o primeiro nome que me vem em mente, e certamente não é o único. Eu acredito que não se trata apenas de um músico excepcional, mas também de um grande arquiteto. Um artista capaz de construir monumentos grandiosos desprovidos de fisicismo.

*Que oportunidades a religião oferece?*
As grandes religiões entrelaçam-se e por vezes identificam-se com a história da civilização. Pode parecer uma obviedade, mas acredito que devemos a cada uma das religiões o mérito de ter colocado Deus no centro da História. A tentação do homem é transformar Deus em um comparsa. Além do mais, eu pessoalmente considero que devemos à religião a oportunidade da dúvida. A fé é um estímulo para a religião, que, se não fosse a fé, acabaria por radicar-se em convicções absolutas.

*Quais são, a seu ver, os riscos trazidos pelas religiões?*
Os riscos são terríveis e nesses últimos anos tivemos demonstrações sucessivas disso. Aqueles que vivem a religião de maneira superficial ou, pior ainda, instrumental, encontram nela a justificação de atos que podem ser qualquer outra coisa, menos religiosos. E esse comportamento pode gerar conflito, violência, dor.

*O que nos perguntamos no momento em que nos interrogamos sobre a existência de Deus?*
É uma pergunta sobre a liberdade.

*O que quer dizer?*
Liberdade não significa apenas ser livre de alguma coisa, mas por alguma coisa. A relação com Deus, portanto, depende do homem. Caso contrário, a liberdade seria simplesmente sujeição em relação aos outros.

*Nova York, junho de 2005*

# David Lynch
*O bem e o mal estão dentro de nós*

Encontrei David Lynch pela primeira vez na projeção da cópia restaurada de *Oito e meio* na Academia. Causou-me grande impressão a paixão com que participou do evento e a emoção com que falou, no dia seguinte, de Federico Fellini, que ele tinha conhecido nos anos 1980 graças a Isabella Rossellini, e com o qual compartilha – detalhe que o deixa muito orgulhoso – o fato de ter nascido em 20 de janeiro. Devo admitir que, de imediato, não pensei em Lynch para este livro: acredito que ele é um dos diretores mais importantes e fascinantes do cinema norte-americano e, em mais de uma ocasião, demonstrou que é um artista autêntico e extremamente original. A presença da espiritualidade em seus filmes, contudo, me parecia ocasional e iconográfica e, às vezes, tive a impressão de que comparecia até mesmo como pretexto. Foi justamente Isabella Rossellini quem me sugeriu que o envolvesse neste projeto, contando-me a respeito de suas práticas de meditação e da maneira apaixonada como fala de verdades transcendentais. Quando o encontrei por ocasião do lançamento de meu livro sobre o cinema norte-americano contemporâneo, perguntei-lhe por que a religião nunca aparecia em seus filmes, pelo menos em suas formas codificadas. Sua resposta foi: "Estou convencido de que existe alguma coisa, aliás muitas, que nós não conhecemos e das quais vemos apenas as aparências. Creio que esse elemento está presente nas minhas histórias. Não tenho nenhum problema para definir isso como espiritualidade ou religião. Não é codificada, certamente, mas isso não me leva a expressar nenhum julgamento". Sob o impulso dessa lembrança, resolvi assistir novamente a seus filmes antes de nosso encontro seguinte, mas a perplexidade inicial não mudou até que eu assisti outra vez a *História real*. O filme pareceu-me surpreendente no plano estilístico e revelador no plano expressivo: a história de um velho que resolve atravessar os Estados Unidos em um trator para reconciliar-se com um irmão moribundo revela uma graça e uma aspiração que eu só saberia definir como religiosas. E é graças a esse filme, particularmente graças ao comovente final no qual os dois homens se encontram, que me foi possível analisar todo o seu itinerário sob uma luz diversa: até o horror e a violência, presenças constantes em suas películas, pareceram-me o complemento atormentado de uma busca sincera de harmonia e de um aterrorizante medo do vazio. Mal tínhamos recomeçado a abordar esses temas, ele me perguntou se ainda estava convencido de que *História real* é o seu melhor filme.

*Não sei. Mas creio que de alguma forma é o mais revelador, justamente porque é completamente diverso dos outros. Pelo menos na aparência.*

Mas será que você não vai entender que é um filme que eu fiz para o Canal Plus e que depois foi comprado pela Disney?

*Eu sei muito bem disso, mas, e daí, o que muda? Bach também escrevia sob encomenda e são infinitos os artistas que pintaram temas religiosos nos quais não acreditavam. Hoje em dia, porém, suas obras permanecem e creio que ninguém pode dizer o que eles realmente pensaram ou experimentaram enquanto as realizavam.*

Sei que enquanto rodava o filme fui me dando conta de que era diferente dos outros.

*Você está querendo dizer que não compartilhava o sentido daquilo que fazia?*

Não digo isso e, aliás, esforcei-me bastante para respeitar o sentimento do roteiro de John Roach, no qual também trabalhou a minha fidelíssima Mary Sweeney.

*Antes de falar de sua relação pessoal com a fé, gostaria de lhe perguntar por que as suas histórias privilegiam o mistério, o paranormal e o absurdo.*

Poderia me limitar a dizer que sou fascinado por todos esses elementos, mas também acredito que ninguém pode se arrogar o direito de dizer o que é absurdo e o que é lógico, o que é normal e o que é paranormal. E sobre o conceito de mistério, poderíamos falar longamente: a mente humana trabalha por intuição e, conseqüentemente, é capaz de intuir até a abstração. O cinema é a linguagem das imagens em movimento e, portanto, obriga o autor a exprimir tais abstrações em gestos e ações. Como artista, sou fascinado por toda criação que nasce desse contraste.

*O que é surpreendente em* História real *é o final catártico, ousaria dizer, de redenção.*
O filme tem um estilo completamente linear e, no entanto, obedece ao mesmo princípio que eu estava tentando expor: no momento em que a representação entra em ação, cria-se uma ilusão e amplia-se a abstração. Creio que a redenção, potencialidade que é inata em todo homem, seja parte desse mistério.

*Da maneira como fala, parece que o elemento espiritual está extremamente presente em sua existência.*
De fato está, mas é necessário chegar a um entendimento sobre o significado do termo "espiritual".

*Vamos partir, então, para uma pergunta direta: você acredita em Deus?*
Creio que existe um ser divino, onipotente e eterno.

*E como imagina que seja?*
Não imagino senão por meio das características de que falei antes.

*O que pensa das religiões organizadas?*
Eu as respeito, como respeito quem segue os seus ensinamentos, mas não pertenço a nenhuma delas.

*Fale-me de sua educação religiosa.*
Fui educado como presbiteriano e freqüentei a igreja até os 14 anos. Depois pedi gentilmente aos meus pais para deixar de freqüentá-la. Creio que posso dizer que desde então comecei a sentir aquilo que, em seguida, pude elaborar com maior clareza, ou seja: cada um tem dentro de si a potencialidade da revelação e a capacidade de intuir a existência do divino.

*Que lembranças tem do deus para quem rezava naqueles anos?*
Recordo uma sensação de felicidade. Mas existem muitos elementos que ainda estão presentes nas minhas convicções cotidianas, como a idéia de um deus pai e piedoso. E penso freqüentemente na idéia do Reino dos Céus.

*Não sente a necessidade de uma igreja que sirva como ligação entre você e esse ser onipotente?*
Não. Mas isso não quer dizer que eu combata as igrejas. Cada um que siga o seu próprio caminho.

*Nos seus filmes o mal é absoluto, e o bem é sinal de uma pureza infinita que confina com a santidade. Não lhe parece uma colocação maniqueísta?*
A primeira resposta que me ocorre é que se trata unicamente de um modo de expressar-me artisticamente. Gostaria de acrescentar, entretanto, que não acredito que exista alguma coisa que seja, em si, má ou boa: é o nosso modo de ver essa coisa que a torna assim.

*Está querendo dizer que não existe o bem e o mal?*
O que pretendo notar é que eles estão dentro de nós e daí provêm.

*Quais são os filmes de outros diretores em que você reconhece fortes elementos espirituais?*
A lista seria infinita. Mas devo confessar que muitos dos filmes que mais me impressionaram desse ponto de vista não costumam estar entre as escolhas habituais.

*O que pretende dizer?*
Que as respostas clássicas falam de artistas certamente muito grandes, como Buñuel, Dreyer ou Fellini, ao passo que o que me vem à cabeça, de imediato, são filmes como *Um lugar no coração*, de Robert Benton e *Feitiço do tempo*, de Harold Ramis. Penso que existe, em ambos, um sopro místico semelhante ao que se vê nas obras que são habitualmente celebradas. E sempre me impressionou intensamente o final de *Um lugar no coração*, quando todos os personagens se encontram na igreja.

*Nos últimos anos você tem se dedicado com muita energia e paixão à meditação transcendental.*
É o modo pessoal com que tento dialogar com a divindade. Mas devo corrigi-lo: eu faço meditação transcendental há mais de trinta anos. A novidade é que desenvolvi ultimamente um projeto dentro da minha fundação para difundir melhor essa prática.

*O nome que escolheu foi Foundation for Conciousness Based Education and World Peace (Fundação pela Educação*

*Baseada na Consciência e pela Paz no Mundo). Não lhe parece genérico demais?*
Absolutamente não. Ambicioso, no máximo, porém não considero que isso seja um defeito, mas antes uma coisa que me ajuda a perseguir os meus objetivos.

*É verdade que uma das pessoas que o aproximaram da meditação transcendental foi Maharishi Mahesh Yogi, guru dos Beatles nos anos 1960?*
Exatamente: eu o conheci por intermédio da minha irmã. Acredito que é um homem santo e devo a ele a descoberta de que a possibilidade de felicidade reside dentro de nós.

*O que tem isso de diferente do "Noli foras ire, in te ipsum redi, in interiore homine habitat veritas" (Não queiras sair de ti, retorna a ti mesmo. A verdade habita no íntimo do homem) de Santo Agostinho?*
A meditação transcendental é uma técnica mental — que eu pratico duas vezes por dia — que permite que qualquer ser humano mergulhe em seu próprio eu e atinja a pura consciência e a pura felicidade. Em Santo Agostinho tudo é, ao contrário, ligado estritamente à revelação cristã. Dito isso, acredito que todo ser humano é destinado à felicidade, que toda forma de negatividade é como a escuridão, que desaparece assim que se acende a luz da paz, da piedade e da unidade.

*Sei que você o considera uma exceção, mas o filme que exprime com clareza tudo isso que acabou de dizer é justamente História real...*

Posso dizer que nunca teria aceitado dirigi-lo se não tivesse sentido alguma coisa que me tocava de muito perto.

*Você nunca tentou comunicar em seus filmes aquilo que aprendeu com Maharishi Mahesh Yogi?*

É inevitável que um artista exprima aquilo em que crê e que sente dentro de si. Mas, como você sabe, amo a abstração e, portanto, não creio que tenha feito isso, pelo menos não conscientemente. Além disso, temo a propaganda e estou de acordo com o velho dito hollywoodiano: "Quando se quer mandar uma mensagem, deve-se utilizar o telegrama".

*Nova York, janeiro de 2006*

TONI MORRISON
*A busca é mais importante que a conclusão*

Toni Morrison nasceu há 73 anos em Lorain, uma cidadezinha de Ohio, com o nome de Chloe Anthony Wofford. Foi ela mesma quem escolheu o apelido Toni, quando se cansou da maneira como o seu nome de batismo era alterado. Primeira mulher negra (e oitava em absoluto) a ser agraciada com o prêmio Nobel de Literatura, em 1993, "pela vida que consegue dar a aspectos essenciais da existência norte-americana, em romances caracterizados por uma força visionária e por um imprescindível valor poético", anteriormente foi uma das mais apreciadas e rigorosas editoras da Random House, recebeu o prêmio Pulitzer de 1988 por *Amada* e foi a primeira mulher negra a tornar-se reitora de uma prestigiosa universidade como Princeton. Pediu que eu fosse encontrá-la em seu apartamento em Nova York, situado no interior de um edifício que até poucos meses atrás hospedava uma central de polícia. É uma mulher de porte majestoso, olhar que se impõe, cabelos presos em longuíssimas tranças grisalhas e uma voz que revela uma leve cadência do sul, de onde seus pais eram originários. Logo se dá conta do meu espanto diante da estranha arquitetura do edifício, no qual símbolos e bandeiras ainda reinam, mas convida-me a observar sua grandiosidade e a refletir sobre o modo como os vários espaços têm sido mal aproveitados até agora. "Se vamos falar da relação com Deus, imagino que devemos buscá-lo em cada coisa", diz jocosamente, antes de propor que procuremos um restaurante onde se possa refletir de modo relaxado sobre um tema que ela nunca tinha pensado em discutir publicamente.

*Nos últimos tempos os políticos e as instituições têm falado constantemente em Deus...*

Acredito que aquilo que eles fazem é simplesmente uma instrumentalização, quando não uma blasfêmia. A situação em que esse presidente nos colocou é desesperadora, e fico aterrorizada quando o ouço falar de seu Deus. A ele foram atribuídas frases como "Não negociarei jamais comigo mesmo", mas negociar consigo mesmo é aquilo que normalmente se chama de "pensar". O seu absolutismo religioso é assombroso. Não consigo entender com que autoridade moral ele cita o Padre Eterno e, em seguida, se define como "presidente da guerra". E penso que ele baseia o próprio poder no medo.

*Fale-me de sua atitude em relação a Deus. A senhora crê?*

Creio em uma inteligência interessada naquilo que existe e respeitosa daquilo que criou.

*Em que essa definição difere do Deus das religiões?*
No fato de que cada religião acaba por defini-lo e, portanto, diminuí-lo. A minha idéia de Deus é a idéia de um crescimento infinito que desencoraja as definições, mas não o conhecimento. Creio em uma experiência intelectual que intensifica as nossas percepções e nos afasta de uma vida egocêntrica e predatória, da ignorância e dos limites das satisfações pessoais. Quanto maior é o conhecimento, mais Deus se torna grande. Até a Bíblia, esse livro maravilhoso escrito por extraordinários visionários, é pequena e redutora em relação à grandeza de Deus.

*A senhora fala de uma definição que cria um limite. A fé, contudo, não pretende definir...*
É verdade, mas reflito também sobre o fato de que a busca é sempre mais importante que a conclusão, e, às vezes, a conclusão consiste na própria viagem.

*Fale de sua viagem íntima no interior da religião.*
Recebi uma educação católica, embora minha mãe, muito religiosa, fosse protestante. Quando criança era fascinada pelos ritos do catolicismo e sofri uma forte influência de uma prima que era católica fervorosa.

*Quando se interromperam as suas relações com o catolicismo?*
Não saberia precisá-lo. Talvez o espante saber que passei por um momento de crise na ocasião do Concílio Vaticano II. Na época, tive a impressão de que se tratava de uma mudança de superfície e sofri muito com a abolição do latim, que eu via como a linguagem unificadora e universal da Igreja. Ainda acho, contudo, fulgurante a revolução do

amor que substitui a idéia de justiça. Trata-se de algo extremamente moderno, e talvez eterno, que alguém trouxe para a humanidade.

*Para quem crê, esse "alguém" é o filho de Deus.*
Se não o é, estamos certamente falando de um gênio. É o amor que nos distingue dos animais. E nessa revolução, a atenção para com o mais fraco e o menor torna-se essencial.

*A senhora fala da revolução cristã de maneira comovente, no entanto, acredita atualmente em uma entidade inteligente...*
Não creio em um Deus pai: isso também me parece uma limitação, além de ser uma simplificação. E contesto a imagem de Deus como genitor protetor: se me esforço para intuir sua essência e penso, por exemplo, na infinidade do tempo, eu me perco com um misto de angústia e de excitação. Posso intuir a ordem e a harmonia que sugerem uma inteligência e descubro, com certo estremecimento, que a minha própria linguagem torna-se evangélica.

*Sobre esse mesmo problema, Derek Walcott refletiu pensando na* Nostalgia do infinito, *o famoso quadro de De Chirico exposto no MoMA.*
É o dilema perfeito: o maior e eterno. Sentimo-nos únicos, e sob muitos aspectos o somos, mas sentimos que pertencemos a algo maior, em relação ao qual não podemos sentir senão nostalgia.

*Aqueles que crêem são, a seu ver, pessoas iludidas?*
Não, ao contrário: tenho em relação a elas o máximo respeito e certamente não sou eu a pessoa que poderia julgá-las. Penso, contudo, que a mente sempre busca proteger-se, e que o comportamento de quem encontra um sistema no qual acredita é muito humano. Sempre me divertiu a tendência a humanizar a divindade: penso nos homens que exaltam seu aspecto guerreiro ou nas freiras católicas que se declaram esposas de Cristo. Ou naqueles que o identificam com seu médico, soldado, marido: são exemplos bastante evidentes de exigências humanas.

*A sua abordagem intelectual parece nascer da "*intellego ut credam*" (Conheço para crer).*
Quero me deter no termo *intellego*, mesmo porque eu sei muito bem que existe uma aspiração a Deus desde sempre. Tudo o que a mente pode fazer é aprender, e o momento em que a mente se detém coincide com a morte.

*O que significa a morte para a senhora?*
Nos momentos de depressão, eu a vejo como uma libertação, mas normalmente representa algo de inconcebível: vivemos no paradoxo de não aceitar a mais óbvia e inevitável das nossas condições.

*A sua tese acadêmica trata do tema da morte e em particular do suicídio em Faulkner e Virginia Woolf.*
A morte é um fato inaceitável, com o qual, todavia, temos de nos confrontar: escolhi esse tema para refletir sobre o fato de que em *Absalão, Absalão* o norte-americano Faulkner descreve o suicídio como um ato de fraqueza, ao

passo que em *Mrs. Dalloway*, a inglesa Woolf o transforma em um gesto heróico de liberdade.

*Os seus livros têm referências religiosas até mesmo nos títulos.*
É verdade, mas devo lhe dizer que tanto *Song of Salomon* (O cântico de Salomão), quanto *Paraíso* são títulos sugeridos pelo editor. Veja que o título desse último livro, no qual todos os personagens são crentes, era *War* (Guerra). No que diz respeito a *Amada*, foi tirado de uma citação da Epístola de São Paulo aos Coríntios, mas é também um modo de remeter a algo de profundamente íntimo e imprescindível.

*Um de seus temas recorrentes é a escravidão. A senhora considera que se trata apenas de uma condição física?*
Não, absolutamente. A abominação de um ser humano colocado sob correntes é uma das maiores tragédias da humanidade, mas eu sei bem que existem escravidões psicológicas e ideológicas.

*Acredita que a religião está presente na arte moderna?*
Menos do que se pode pensar e muitas vezes utilizada com fins comerciais. Basta pensar, por exemplo, naqueles filmecos pretensiosos em que anjos aparecem como *dei ex machina*\* ou nos artistas figurativos que usam a iconografia religiosa com o único propósito de criar um escândalo: não há nada de sério, trata-se de uma religião de supermercado, uma disneylândia espiritual de falso temor e prazer.

---

\* Um Deus que surge por meio da máquina. A expressão indicava, no teatro grego, a intervenção de uma divindade, quando esta descia à cena. [N.T.]

*Mas a religião na arte representa um limite ou uma oportunidade?*
Creio que é um dado neutro: há escritores e poetas que não acreditavam e realizaram obras maravilhosas com temas religiosos.

*Quais são os escritores que trataram temas religiosos que a senhora mais admira?*
Joyce, em particular as obras da juventude, e Flannery O'Connor, uma grande artista que ainda não recebeu a atenção devida.

*Citou dois irlandeses...*
São os escritores que me vieram à mente de imediato, mas não se pode esquecer dos russos: Dostoievski, Tolstoi e até Tchecov nunca deixaram o Padre Eterno em paz.

*Nova York, fevereiro de 2004*

## GRACE PALEY
*A morte é o fim de tudo*

Ela nasceu no Bronx, em 1922, com o nome de Grace Goodside, de pais judeus russos, que fugiram da Rússia czarista para os Estados Unidos. Considera os Estados Unidos a sua pátria, mas indaga-se sobre o que poderia ter sido a sua vida se Isaac e Mary, como seus pais eram chamados nos Estados Unidos, tivessem permanecido na terra de seus antepassados. Vive há muitos anos em uma cidadezinha de Vermont chamada Thetford, mas continua a manter um apartamento no Greenwich Village, onde me recebe como se eu fosse um grande amigo. Trata-se de pura gentileza, pois só tínhamos nos visto anteriormente uma vez, e para uma entrevista que nunca foi publicada. Insiste em que a chame de Grace e mostra-se muito curiosa com o fato de eu querer conversar sobre a sua relação com a religião. Enquanto prepara um chá verde, pergunta como me ocorreu mergulhar em um tema dessa natureza.

*Penso que é o argumento mais importante dos tempos correntes. A bem dizer, o mais importante desde sempre...*
Está falando sério?

*Certamente, e devo deduzir daí que não é o que acontece com você.*
Posso dizer que a relação com o espírito é um tema eterno.

*Você acredita em Deus?*
Não. Mas tenho um interesse profundo pela Bíblia.

*De que ponto de vista?*
De um ponto de vista histórico e literário. Não tenho nenhuma hesitação em defini-la como o livro dos livros, mas para mim não tem um valor religioso. Acho que é um maravilhoso livro histórico, com grandes momentos de poesia, que conta a história de um povo que define a si mesmo.

*A que você está se referindo quando fala de poesia?*
Por exemplo, aos Salmos de David, e fico sempre perturbada e comovida pelo fato de esse grande poeta ter sido também um rei guerreiro.

*Por que citou apenas o Antigo Testamento?*
Porque não aprecio o Novo Testamento na mesma medida.

*Por quê?*
Tenho a impressão de que aquele percurso maravilhoso, que até então era de definição e autodefinição, torna-se propagandístico.

*O que quer dizer?*
Bem, talvez eu tenha usado um termo forte e reducionista: digamos que se torna puramente religioso e, no que diz respeito à minha abordagem pessoal, desinteressante.

*Cristo fala com os hebreus e com os gentios.*
Eu sei, e as palavras de Cristo sempre me comovem. Tenho problemas maiores com Paulo: é com ele que nasce institucionalmente a nova religião, e creio que isso foi um erro.

*Você acredita na figura histórica de Cristo?*
Sim, com certeza, e acredito que foi um dos maiores e mais profundos pensadores da História. Negar isso seria, além de tudo, um ato de ignorância.

*Fale-me de sua educação religiosa.*
Tenho muito pouco a dizer: meus pais eram ambos ateus e quando fugiram da Rússia eram tão contrários aos rabinos quanto o eram em relação ao czar.

*Não havia ninguém na sua família que falasse da religião com você ou que ela tivesse dado uma educação baseada nos ensinamentos religiosos?*
A única pessoa da família que tinha leves sentimentos religiosos era minha tia Nataša. Enquanto viveu, ela morou conosco e era a única com quem eu falava de vez em quando

sobre o espírito. Posso dizer o mesmo no que concerne aos meus irmãos: nenhum de nós nunca acreditou em Deus.

*O que sente quando encontra alguém que crê?*
Experimento um sentimento ambivalente: respeito o seu pensamento e o seu credo, mas ao mesmo tempo acredito que está criando ilusões para si mesmo. Isso não significa que não me interesse por começar uma discussão: tenho sempre curiosidade pelas idéias, sobretudo por aquelas que são distintas das minhas.

*O que pensa, ao contrário, quando ouve ou lê palavras de um líder religioso?*
Depende: estou certa de que existem alguns que falam com absoluta boa-fé e não hesito em defini-los como santos homens. Mas não acredito que esse discurso possa ser estendido a todos.

*Você acredita que existe uma vida após a morte?*
Obviamente não. E quem o diz é uma pessoa de 83 anos, consciente de que não lhe resta muito tempo para viver. No momento em que eu exalar meu último suspiro, tudo terminará: até logo, ou melhor, adeus.

*E qual é a sua reflexão a esse respeito?*
Que é triste, mas que a vida é bela.

*Nunca lhe aconteceu, diante de alguma coisa particularmente bela ou perturbadora, de sentir a presença de algo superior?*
Já me aconteceu de sentir a presença do mistério. Isso sim, não nego. Como também não nego que muitas vezes

acontecem coisas inexplicáveis e até mesmo milagrosas. Mas não vinculo tais eventos a uma presença onipotente ou onisciente.

*Já sentiu nostalgia de um elemento tão importante para a sua tradição quanto a religião?*
Não, mas devo confessar que nos últimos dez anos comecei a freqüentar de novo a sinagoga.

*A mim me parece que isso desmente tudo o que disse até agora.*
Mas antes devo fazer uma segunda confissão: o motivo pelo qual eu freqüento a sinagoga não é religioso. Desde que vim viver em Vermont com meu segundo marido, Robert, tenho sentido a necessidade de reencontrar a minha comunidade. Nasci e cresci no Bronx, em uma vizinhança totalmente hebraica, e hoje me encontro numa área rural quase inteiramente cristã. O local de encontro é a sinagoga...

*Mas não lhe parece que está desfrutando da religião para uma exigência de outro tipo?*
Talvez, mas sei também que a minha tradição faz um todo com a religião e, talvez, ainda sinta um chamado. Ultimamente tem me acontecido também de me envolver calorosamente em grandes discussões com o rabino depois do ofício... Embora para mim aquilo que acontece no templo não seja muito mais que uma representação teatral.

*Seu marido é religioso?*
É cristão episcopal. Mas não diria que é uma pessoa muito praticante. Como também, aliás, o meu primeiro marido, que era judeu. Posso, nessa altura, lhe fazer uma pergunta?

*Claro.*
Por que você me disse que a relação com a religião é importante particularmente nesse momento?

*Referia-me ao que tem acontecido no mundo. Por exemplo: você acredita que a religião é uma oportunidade para a paz ou para a guerra?*
Pode ser as duas coisas e a História já o demonstrou repetidas vezes. Creio que nos conflitos com uma dimensão religiosa, a guerra é inevitável se não se abre mão de alguma coisa. Mas agora quero lhe fazer uma outra pergunta.

*Por favor...*
Você crê?

*Sou católico, apostólico, romano.*
E o que há, a seu ver, após a morte?

*A vida verdadeira.*
E o que é esta vida que estamos vivendo neste momento?

*Uma passagem e uma dádiva.*
Aí está, essa é uma idéia que me interessa, pois é distante das coisas em que acredito. Você acha que é mais feliz que eu?

*Isso eu não sei, mas sei que São Paulo, de quem você não gosta, diz: "Que a felicidade esteja em seus corações". Agora, permita que eu retome o meu papel...*
Desde que esteja disposto a cedê-lo novamente...

*Prometo. Gostaria de submeter-lhe uma frase que pedi a quase todos os meus entrevistados que a comentassem. Trata-se de uma frase de Dostoievski: "Se Deus não existe, tudo é possível".*

Nunca acreditei nela. Penso que ela mortifica a humanidade e a consciência íntima do homem. O mundo cometeu monstruosidades mesmo acreditando em Deus e seguindo (ou pelo menos acreditando que seguia) seus ensinamentos. O que diz respeito à vida da humanidade não tem nada a ver com a existência eventual do onipotente. E digo isso com a consciência de que o mistério permanece – ou, se quiser, ainda domina.

*Acredita, portanto, que a fé é apenas uma ilusão?*

Creio que pode ser também um instrumento útil, por exemplo, para melhorar o mundo. E você, sente que é melhor graças à fé?

*Eu me sentiria inútil sem ela. E ainda mais inútil sem a caridade.*

Tomo a precedência: sei muito bem que essa é uma citação do "Hino à caridade", um trecho de São Paulo. E acrescento: sobre a caridade estou plenamente de acordo. Uma das experiências mais bonitas, gratificantes e enriquecedoras da minha vida foi o conhecimento do Catholic Worker Movement. Pode-se dizer tudo da fé, mas o que eu vi essas pessoas, e aquelas que recolheram a herança de Dorothy Day, fazer é simplesmente maravilhoso: um extraordinário ensinamento para todos sobre o significado do amor e de fazer alguma coisa para melhorar o mundo, com determinação e espírito de serviço. No que me concerne, foi uma experiência que formou a minha consciência social, política e mesmo artística.

*O que pretende dizer quando fala da formação da consciência artística?*

Refiro-me a algo que não consigo definir com clareza, mas que certamente está presente. Pergunto-me, por exemplo, como uma atéia como eu, que concebe, no máximo, a existência do mistério, pode ter escrito poesias sobre Deus.

*Você está dizendo que existe algo de não definitivo no seu credo? Melhor dizendo, na sua falta de credo?*

Seria grave se não fosse assim. Assustam-me as posições absolutas. Mas não sinto aquilo que vocês, crentes, chamam de graça. Sinto-me antes como parte do grande e maravilhoso mistério da existência e pergunto-me o que seremos nós em 1 milhão de anos. Vejo, hoje em dia, tanta vida que se quer destruir...

*Existem escritores que você admira e nos quais o elemento religioso está presente de forma predominante?*

Como não admirar Dante? Mas creio que ele também, como todos os artistas que acreditaram em Deus, teve seus momentos de dúvida.

*Nova York, outubro de 2005*

## Salman Rushdie
*Creio em uma alma mortal*

Por pura coincidência, conheci Salman Rushdie no dia dos funerais do papa João Paulo II. Cheguei ao encontro com as imagens da multidão exultante com aquela alegria que somente os crentes conseguem experimentar no momento da morte, tendo como pano de fundo o contorno extraordinário da praça São Pedro. A cúpula de Michelangelo, a colunata de Bernini, o vermelho fulgurante dos cardeais e o modesto negro dos poderosos da terra: reis, rainhas, presidentes e primeiros-ministros. Naquele dia luminoso de abril, Nova York estava linda e gloriosa como sabe ser na primavera, mas enquanto me dirigia para o encontro com o escritor que foi condenado à morte, acusado de ter ultrajado o Corão, não conseguia deixar de pensar naquelas imagens provenientes do Vaticano e, em particular, nos representantes de todas as outras religiões ao redor do ataúde de cipreste simples, sobre o qual estava pousado um Evangelho, folheado pelo vento. Em torno ao féretro do papa, inimigos jurados apertavam-se as mãos e trocavam sinais de paz: tratava-se de um sinal de como poderia ser o mundo? Roma me parecia *caput mundi*, como não era há centenas, talvez milhares de anos, e a presença das bandeiras e de todos aqueles homens de religiões distintas levava-me a refletir sobre as diversas faces que atribuímos a Deus: para quem rezava, por exemplo, o rabino Toaff, citado com afeto pelo papa em seu testamento? E como o sumo pontífice de uma outra religião imaginava o Onipotente para quem rezava pelo amigo morto? E a quem se dirigiam exatamente os milhões de fiéis naquele dia de luto e exultação? Mais ainda, eram todos crentes? Ou para muitos tratava-se de uma grande emoção, certamente importante, mas destinada a esfriar ou a acabar sufocada pelos espinhos, como conta a parábola do semeador? Rushdie deve ter pensado que eu era um sujeito meio estranho, pois fiquei em silêncio por um bom tempo, depois de termos sido apresentados por seu agente. Mas a realidade é que continuava a pensar no efeito tão diverso que um evento de tal importância pode ter sobre pessoas que fizeram escolhas distintas e muitas vezes opostas. A extraordinária sugestão da praça embandeirada e de luto parecia tornar inconcebível qualquer hipótese de ateísmo e, no entanto, eu pensava que até Cristo havia sofrido reações de rebelião ou indiferença. Talvez esteja justamente aí o mistério da fé, pensava eu, mas em mim permanecia o ímpeto da graça: como é que alguém se torna crente? O que acontece? E como é que se escolhe, ao contrário, não crer? O que é que não dispara? O que é que dá uma visão de mundo finita e material... E é realmente possível ser feliz quando se chega a uma conclusão do gênero? A vida já não se transforma num inferno...? E se a fé fosse, ao contrário, um engano, uma consolação preventiva diante do grande nada? Nestas conversas em torno da idéia de Deus, a coisa que mais me impressionou foi dita por um não-crente citando um trecho de São Paulo: a fé é a evidência das coisas não vistas. Parece um paradoxo, talvez o seja. Mas o que é a fé senão isso?

Depois de alguns minutos em que continuava olhando para ele, mas mergulhado em meus pensamentos, Rushdie deu um legítimo sinal de impaciência e resolveu tomar a palavra: "Pelo que vimos na televisão, hoje o tempo está muito mais bonito aqui do que em Roma. Fato muito raro".

*O senhor também viu os funerais?*
  Uma parte. Mas quem não os viu, hoje?

*Qual foi a sua impressão?*
  A cerimônia era extraordinariamente sugestiva, mas não creio que eu venha a ser a pessoa apropriada para dar a resposta mais adequada.

*O que quer dizer?*
  Que vi muita comoção e exultação, mas no que me concerne, o papa, que certamente teve uma vida rica e importante, está morto para sempre. Como todos.

*Quando deixou de acreditar em Deus?*
  Creio que nunca acreditei.

*Fale-me de sua educação religiosa.*
Sou de família muçulmana. Meu pai era um grande estudioso da religião, mas não era crente. Minha mãe, por sua vez, praticava uma observância relativa. Mas há na minha família uma autêntica tradição espiritual: meu avô era extremamente religioso e, ao mesmo tempo, aberto e tolerante como poucas pessoas que encontrei em toda a minha vida. Lembro ainda hoje com emoção as nossas muitas discussões sobre religião, e o afeto e o respeito com que tentava entender por que eu não acreditava. Ele me convidava para falar do assunto, e desejava, por seu turno, aprender humildemente. Meu avô e especialmente a sua abordagem das questões da religião foram determinantes para a minha escrita e para toda a minha existência.

*Na escola, que tipo de educação recebeu?*
Eu freqüentava uma escola chamada English Mission School, junto com estudantes de toda parte do mundo. Fui educado a rezar, mas recordo que repetia as orações sem sequer entender direito o que diziam.

*No curso da conversa que tivemos para a realização deste livro, Derek Walcott, que se declara crente, contou que a imagem que ele tem de Deus ainda é a de um homem branco, velho e com barba...*
Se tiver de pensar em uma imagem, é essa que me ocorre também, e não consigo prescindir dela. Mas a diferença é que eu não sou crente.

*O senhor sustenta que nunca foi crente. Mas houve um momento de crise ou arrependimento?*
A reflexão, obviamente, é contínua, mas eu não falaria em crise. Infelizmente, não consigo superar um dado trágico, intimamente ligado à religião.

*O quê?*
O sangue derramado em nome de Deus. Refiro-me, é óbvio, a cada religião. Não esqueça que nasci em 1947, ano dos massacres entre hindus e muçulmanos e da separação entre a Índia e o Paquistão.

*O senhor não acha que esse é um dos muitos acontecimentos trágicos que devem ser imputados a homens que utilizam a religião para seus próprios fins, traem e blasfemam contra a vontade de Deus?*
Quando não se crê é bem difícil dividir as duas coisas e sobra muito pouco que seja diverso.

*Considera a religião uma coisa negativa?*
Acredito que é perigosa quando se opõe de maneira gritante à razão: basta pensar no caso de Terry Schiavo, a mulher em coma que desencadeou recentemente uma reação da direita religiosa. Penso que, na realidade, aquela pobre mulher estava morta havia 15 anos, desde o momento em que entrou em coma: todos sabiam que não havia nenhuma possibilidade real de que pudesse retomar uma vida normal.

*A religião ensina a defender a vida até o último suspiro.*
O fato é que eu considero que ela já estava morta.

*Mas existem casos de pessoas que saíram do coma, e não estou sugerindo a idéia de nenhum milagre...*
Não me parece que, nesse caso, houvesse um único médico que tenha contemplado essa eventualidade. Aqui está: nesse caso, a religião, ou pelo menos o uso que alguns fizeram dela, teve um valor negativo.

*A religião segue estradas diferentes daquelas da razão.*
É um elemento que fortalece o meu afastamento.

*Muitos de seus personagens são religiosos ou têm antecedentes religiosos.*
Seria ridículo se não fosse assim, sobretudo nos romances mais diretamente ligados à minha cultura. Mas trata-se de uma busca pessoal de artista e, obviamente, de uma tentativa de compreender um elemento fundamental.

*O senhor declarou várias vezes que a sua educação cultural deu-se no cinema.*
É isso mesmo, e particularmente graças ao cinema italiano.

*Uma cinematografia em que o elemento espiritual está muito presente.*
É verdade, mas não sempre. Continuo a amar enormemente Fellini, De Sica e Rossellini, em cujas obras a religião está presente, e Visconti, em quem ela me parece muito menos visível. Devo admitir que ultimamente tenho tido problemas com um cineasta que admirei muito no passado, Antonioni. Tenho a impressão de que as suas angústias existenciais não envelheceram bem e, se posso rever *A doce vida* ou *Ladrões de bicicleta* toda noite, teria

um pouco de medo de rever um filme como *A aventura*. Embora deva dizer que revi ultimamente *Profissão repórter* e que me pareceu ainda muito eficaz e penetrante.

*Existem escritores que abordam temas religiosos que o senhor aprecia?*
Muitos, mas o primeiro que me vem à cabeça é Saul Bellow, cujo íntimo, imprescindível vínculo com a religião e com a filosofia hebraica nunca foi suficientemente analisado.

*Quando tivemos a nossa entrevista para este livro, ele me disse que acredita em Deus, mas que não quer incomodá-lo.*
Parece um gracejo em puro estilo Bellow, que confirma tudo o que acabei de dizer. Mas queria citar também um poeta maravilhoso que é Czeslav Milosz: sua poesia é grande pelo sentido de espiritualidade que vem de sua religião. Tanto Bellow quanto Milosz interrogam-se constantemente sobre a alma.

*O senhor acredita na alma?*
Creio que existe algo de misterioso e incompreensível, que, no entanto, não é transcendente ou sobrenatural. Uso, portanto, o termo "alma" porque não existe nenhum outro mais eficaz ou mais secular. Em outras palavras, creio em uma alma mortal.

*Nova York, abril de 2005*

## Arthur Schlesinger Jr.
*Sou agnóstico*

As janelas do apartamento de Arthur Schlesinger Jr. estão cobertas de gelo, produto da maior onda de frio e neve que se abateu sobre os Estados Unidos nas últimas décadas, e a reflexão sobre a sua relação pessoal com a religião transcorre em um ambiente que parece hostil na realidade externa, mas aconchegante no refúgio da casa. Ele não se mostra particularmente interessado em saber quais foram as outras pessoas que aceitaram discutir sobre o assunto, mas demonstra curiosidade por um tema "do qual é impossível escapar". "Tempos atrás, eu não esperaria que me convidassem, logo eu, para falar de um assunto desse tipo", diz depois de informar-se sobre as notícias políticas internacionais, "mas entendo que aquilo que às vezes pode parecer antigo é, na realidade, eterno, e que toda escolha política nasce de convicções íntimas".

*Considera justo que um governo tenha uma inspiração religiosa?*
Depende do que se entende por inspiração. Eu tenho uma abordagem laica e secular e, pessoalmente, experimentaria um forte mal-estar num país no qual a religião tivesse um papel central. A fé é uma questão íntima, e assim deve permanecer. Isso não significa, obviamente, que eu não acredite na absoluta liberdade de culto. Já vimos demasiadas ditaduras em que a religião foi banida. Em muitos desses casos, a religião acabou identificada com a liberdade.

*Na sua opinião, uma inspiração religiosa é imprescindível nos Estados Unidos?*
Eu diria que é inevitável. Nos últimos tempos, ademais, a religião adquiriu um papel central, não sei com quanta boa-fé por parte daqueles que governam. Creio na separação absoluta entre Estado e Igreja, e coloco-me entre aqueles que compartilham, por exemplo, as recentes escolhas feitas pelo presidente Chirac. Um país moderno deve garantir a liberdade religiosa, mas, só para dar um exemplo que está diante dos olhos de todos, banir das escolas públicas o véu usado pelas mulheres muçulmanas.

*Qual é o limite entre inspiração religiosa e fundamentalismo?*
Os fundamentalistas acreditam em uma interpretação literal de seu livro de culto. Trata-se de um fenômeno que teve, nos Estados Unidos, características menos dilacerantes do que em outros países e certamente menos violentas. Basta pensar no fundamentalismo muçulmano ou hindu. Também tivemos, contudo, a nossa dose de horrores e discriminações. O fanatismo protestante dos países da chamada Bible Belt caracterizou-se por seu comportamento anti-

semita e anticatólico. Lembro-me pessoalmente da hostilidade contra John Fitzgerald Kennedy, repetindo o que já tinha acontecido em 1928 com Earl Smith, primeiro candidato democrata católico, que foi derrotado por Hoover.

*Não acha que a situação está mudada atualmente?*
Lembro que na minha juventude os fundamentalistas cristãos eram pouco mais que uma seita obscura. Hoje em dia estreitaram uma aliança com a direita católica e com a direita hebraica. De um ponto de vista político, estima-se que essa aliança permita controlar cerca de 40% dos votos e não hesito em dizer que minha reação é de inquietação e angústia.

*No último discurso sobre o estado da União, o presidente Bush fez inúmeras referências à religião e até decidiu apoiar financeiramente as associações religiosas que se distinguem em obras de caridade.*
As referências a Deus não são muito mais numerosas que aquelas de seus predecessores, mas no caso de Bush, justamente em virtude do apoio que ele tem por parte dos grupos evangélicos, assumem um relevo particular. Quanto ao apoio financeiro, quem pratica a caridade realiza, obviamente, algo de benemérito, mas impressiona a necessidade de destacá-lo em um discurso desse tipo.

*Há quem pinte os Estados Unidos como um país que oscila entre o puritanismo e o consumismo.*
Não se deve nunca confundir as degenerações de uma realidade com a verdadeira essência dessa mesma realidade. Rejeito os esquematismos propagandistas, mas não quero ocultar seus riscos.

*Considera que os Estados Unidos são o lugar em que a liberdade religiosa se realiza ou um país no qual a influência calvinista é dominante?*

A liberdade de culto de que se desfruta nos Estados Unidos é ainda hoje um modelo, e os trágicos conflitos que estamos vivendo devem-se a essa característica. Dito isso, não se pode negar a ascendência da cultura protestante e, em particular, do calvinismo, que influenciou a política, a sociedade e o capitalismo.

*Pode me dar um exemplo de um político que se beneficiou de sua própria inspiração religiosa?*

Se for vivida dentro de uma abordagem laica, a inspiração religiosa só pode ter um efeito positivo. Não existe nenhum presidente norte-americano que não manifeste o próprio credo e que, no domingo anterior às eleições, não seja fotografado no momento em que vai rezar com toda a família. Mas respondo com uma frase de Lincoln, que dizia que "o Onipotente tem os seus objetivos e as suas intenções".

*Pode me dar um exemplo negativo?*

Também nesse caso sou arredio a citar nomes. Posso dizer que não existe nada mais perigoso em política do que alguém convicto de que está agindo em nome de Deus. Sempre gostei da definição do fanático feita por Mr. Dooley, o personagem inventado por Finley Peter Dunne: "Uma pessoa que está certa de que Deus faria exatamente o que ele mesmo está fazendo, assim que tivesse conhecimento dos fatos".

*O senhor trabalhou ao lado de Kennedy, que causou alvoroço também pelo fato de ser o primeiro presidente católico.*
Devo dizer que nunca vi nada em seus atos públicos que evidenciasse seu credo. Desse ponto de vista, éramos semelhantes: ele mantinha a religião na esfera da intimidade.

*Mas então, sr. Schlesinger: o senhor acredita em Deus?*
Não.

*Como se define de um ponto de vista religioso?*
Um agnóstico.

*Fale de sua educação religiosa.*
Cresci em uma família congregacionista, que se converteu à doutrina unitária quando se transferiu para Cambridge. Eu passei a não acreditar mais na existência de Deus quando estava no segundo grau.

*Como se deu a reviravolta?*
Foi a leitura de um livro que me impressionou de maneira irreversível: *An agnostic apology*, de Leslie Stephen. Trata-se de um pensador que, hoje em dia, não é estudado como deveria ser e que, além do mais, é conhecido sobretudo por ser o pai de Virginia Woolf, mas a influência que teve sobre muitas pessoas da minha geração foi enorme, especialmente por causa desse livro e pelo uso do termo "agnóstico", que tinha sido cunhado alguns anos antes por Thomas Huxley, mas que Stephen transformou em uma referência fundamental na cultura e no campo das escolhas pessoais.

*Em* Os irmãos Karamazov, *Ivan declara com angústia: "Se Deus não existe, tudo é possível".*

É uma das passagens de Dostoievski que mais me perturbam, sempre, e que me levam inevitavelmente a refletir sobre o mistério da existência e sobre a presença do bem e do mal. Quero, no entanto, discordar: o homem foi capaz de criar suas próprias leis e regras de convivência civil. É capaz de ser tolerante e de amar. Coloco-me entre aqueles que não querem crer que a ausência de Deus levaria inevitavelmente à tragédia, e não podemos esquecer que a história do homem nos ensinou que, em nome de Deus, foram cometidas infinidades de erros e atrocidades.

*Nesse caso, porém, eram fanatismos e traições daquilo que, para os crentes, Deus comunicou aos homens ao manifestar-se. Os horrores de um mundo sem Deus, ao contrário, parecem nascer, como sustenta Dostoievski, justamente de sua ausência.*

É uma coisa sobre a qual se deve discutir, com certeza, enquanto se luta para firmar as regras de civilidade e tolerância que o homem é capaz de dar a si mesmo.

*Um crente poderia dizer que essas regras e essa capacidade de amar refletem a centelha do divino que está em cada ser humano.*

Um agnóstico como eu sabe que tem esses princípios e essas tensões dentro de si e que tem o dever de persegui-los.

*Como um agnóstico como o senhor se coloca diante da morte?*

Não pode existir paraíso sem inferno. Mas eu não acredito em nenhum dos dois. Creio que a morte é, simplesmente, o fim.

*Nova York, janeiro de 2005*

## Martin Scorsese
*Deus não é um torturador*

Encontrei Martin Scorsese pela primeira vez em 1985, quando ele estava finalizando *Depois de horas*, a poucos meses de distância do insucesso comercial de um de seus filmes que prefiro: *O rei da comédia*. Pedi-lhe uma entrevista para o jornal para o qual escrevia na época e cheguei a seu escritório, que ficava em um velho edifício a poucos passos de Times Square, com grande antecedência em relação à hora marcada. Para todos aqueles que amavam o cinema, Martin Scorsese já era um mito e eu tinha pelo menos três motivos pessoais para amar incondicionalmente tudo o que ele estava fazendo no cinema e pelo cinema: tinha dirigido *Touro indomável*, o mais belo filme que já se realizou sobre o boxe (entre as minhas fraquezas está a de não possuir nenhuma defesa diante do fascínio maléfico do pugilismo); falava em seus filmes de uma Nova York potente e extrema, o que revelava um amor por sua cidade comparável apenas ao de Woody Allen; tinha começado desde então a lutar pela preservação e valorização do grande cinema, instituindo uma coleção particular de películas que já tinha, sem exageros, uma aura legendária. Foi só depois disso que comecei a apreciar em seus filmes a presença imprescindível de uma fé católica vivida de maneira tão íntima quanto controversa. Mas comecei, já no final desse primeiro encontro, a documentar-me sobre o itinerário pessoal de um cineasta que tinha auxiliado na missa quando criança, como coroinha, e havia declarado, mais tarde, que os caminhos que lhe tinham parecido sem escapatória na adolescência em Little Italy eram eram o de gângster e o de sacerdote. Daquela longa espera no escritório vizinho a Times Square, recordo os gigantescos cartazes originais de velhos filmes que decoravam cada sala, Paul Schrader, que girava pelos corredores com um roteiro debaixo do braço, e da chegada repentina de Scorsese acompanhado de um cão de água. Eu estava muito emocionado e, quando uma das secretárias disse que poderia me acomodar no escritório, tentei quebrar o gelo dizendo que também era um colecionador de filmes e já tinha arquivado oitocentos títulos. Scorsese respondeu que tinha 9 mil e, quando começou a explicar as dificuldades da preservação das películas, não ousei dizer que minha coleção era constituída de fitas de vídeo. Mas o que me conquistou imediatamente é que ele me levou a sério, vendo no jovem desconhecido que queria entrevistá-lo um interlocutor com o qual se colocava no mesmo nível. Nunca encontrei ninguém que falasse tão rápido, mas a auto-ironia constante e a naturalidade com que tentava veementemente me envolver em sua paixão por seus filmes preferidos (*Meu ódio será tua herança, Paisà, Oito e meio...*, a lista seria infinita) revelavam um personagem extremamente diverso daquilo que eu tinha imaginado. No Scorsese que eu tinha diante de mim não havia nada que sugerisse a violência que expressava em seus filmes; no entanto, era evidente que os tormentos, as neuroses e as explosões repentinas de seus personagens refletiam algo de íntimo e sofrido. Assim como o desejo de redenção e a busca — dramática e, muitas vezes, desviada — de pureza. Nunca consegui visitá-lo em um *set*, onde tem a fama de ser duro e exigente até o paroxismo, mas no correr dos anos, graças a alguns amigos em comum, nasceu entre nós uma relação de convívio e troca que permitiu que eu descobrisse dois elementos fundamentais e extremamente tocantes de seu caráter: uma surpreendente humildade intelectual e uma impagável generosidade. Tive uma prova dessa última característica quando ele descobriu que o adiamento da entrevista marcada para este livro mexeria com todo o nosso planejamento de publicação e resolveu enfrentar a discussão apesar da febre que o acometia. Nossa conversa começou depois de ele se desculpar várias vezes por sua rouquidão.

*A educação católica foi importante para o seu cinema? Quanto?*
O catolicismo sempre teve uma importância extraordinária em toda a minha vida, eu poderia dizer que o meu cinema seria inconcebível sem a presença da religião. Por causa da asma que me atingiu quando eu tinha 3 anos, a minha infância foi marcada pela solidão e pelo isolamento. Desde então, meus pontos de referência foram a família, a igreja e, depois, o cinema. No exterior havia também todos os caminhos da tentação e das possibilidades

de perdição, e em cada um desses pontos cardeais eu via a oscilação entre o sagrado e o profano.

*Li certa vez uma declaração sua: "Sou um católico falido. Mas sou um católico romano e sobre isso não se discute". O que pretendia dizer?*

Talvez "falido" seja um termo forte demais e além do mais não sei quem poderia se definir tanto como "falido" quanto como católico. Mas o que eu queria dizer é que não sigo rigorosamente a ortodoxia, e que, sob muitos aspectos, sinto que não respeitei aquilo que a mensagem cristã exige. Mesmo assim, creio que o meu catolicismo seja parte de minha intimidade, e estou convencido de que sempre será assim.

*Acredita em Deus?*

Não creio que possa dar uma resposta precisa. Acredito que minha fé em Deus reside em minha busca constante. Mas defino-me certamente como católico.

*Como você faz para ser católico e não estar certo de que acredita em Deus?*

Não foi isso o que eu disse. O que estou tentando afirmar é que desconfio das definições, e que acredito que existam perguntas às quais acho difícil, pessoalmente, dar uma resposta assim tão direta.

*Para um católico, Deus se encarna, nasce de uma virgem e salva o mundo.*

Respondo que tudo o que você disse faz parte da minha cultura, daquilo que tento expressar com meus filmes e, portanto, faz parte de mim.

*Os seus pais são praticantes?*
A religião assumia um papel importante na vida deles, mas, no que se referia a mim, tinham uma observância bastante branda. A iconografia, contudo, era muito presente em minha casa: minha avó tinha em seu quarto um retrato do Sagrado Coração e um nicho no qual se podia ver a Virgem esmagando a serpente. Lembro-me também de um grande crucifixo, no qual ela colocava as palmas bentas do Domingo de Ramos.

*O que o aproximou da religião?*
Além da iconografia, tão potente e sugestiva, o aspecto dramatúrgico da missa e dos ofícios religiosos. Mas é óbvio que sentia alguma coisa de muito mais profundo, a começar pela idéia de sofrimento e redenção, que sempre me obcecou e que estava presente tanto na intimidade quanto na exterioridade do catolicismo. Talvez não seja por acaso que, naqueles mesmos anos, eu tenha me apaixonado pelos filmes *noir*, nos quais esses mesmos elementos podem ser encontrados.

*Que lembranças tem do período em que era coroinha?*
O ritual e a divisão litúrgica do ano: algo que me marcou profundamente, seja de um ponto de vista dramatúrgico, seja existencial. Lembro-me da emoção do Domingo de Ramos, mas também do rito da lavagem dos pés na Sexta-Feira Santa. E recordo também o encontro com um jovem sacerdote de nome Francis Principe, com quem compartilhava a paixão pelo cinema. Ele tinha sido ordenado em 1952, quando eu tinha apenas 10 anos, e nele eu via possibilidades diferentes, opostas, aliás, aos caminhos que Little Italy me

oferecia. Padre Principe era um idealista e representou para mim um mentor e um modelo. Era ítalo-americano como eu e devo a seus ensinamentos a primeira reflexão sobre o conceito de graça e redenção. Muitas vezes, ajudei-o como coroinha em funerais, e hoje lembro com ternura como ele ficava quando eu chegava atrasado para a missa da noite e da desilusão que sofria quando eu cometia alguma das minhas trapalhadas.

*Em Little Italy a educação católica era obrigada a confrontar-se freqüentemente com a violência.*
Devo dizer que isso não é válido apenas para Little Italy. Mas naquelas ruas lembro-me de detalhes e rituais que beiravam o paganismo. Recordo que, durante uma briga de rua, um rapaz porto-riquenho beijou seu canivete: uma imagem que transportei muitas vezes para meus filmes.

*Encontrei uma entrevista feita por Gene Siskel, em 1988, na qual você declarava: "Levei os Evangelhos a sério demais. Às vezes me pergunto se não deveria ter abandonado tudo e me dedicado a ajudar os pobres. Mas não fui, nem sou, talvez, forte o bastante".*
Tenho muito pouco a acrescentar, salvo que a exigência de fazer o bem é algo que qualquer pessoa que tem uma consciência deveria sentir. Como sabe, estudei na Cathedral School, seminário da arquidiocese de Nova York. Em seguida, não fui aceito na Fordham University, mas, quase por acaso, acabei entrando na Universidade de Nova York, onde, graças a um professor chamado Haig Manoogian, descobri que podia exprimir tudo aquilo que sentia por meio do cinema.

*Pode-se afirmar que ter se tornado um cineasta representa um modo de responder à sua fé?*
Tornei-me diretor para expressar-me integralmente e também a minha relação com a religião, que é determinante. Há quem veja em meus filmes uma reflexão sobre uma vocação que não se realizou e que tomou outros caminhos. É certo que, para mim, a religião está intimamente ligada e, portanto, encontra sua expressão em um meio que me conquistou desde quando meu pai me levava para assistir a *Sindicato dos ladrões* e *Janela indiscreta*.

*Você nunca levou a termo* Jerusalém, Jerusalém, *o filme em que tentava exprimir mais diretamente as suas angústias existenciais.*
Era uma história autobiográfica que girava em torno do retiro espiritual de um personagem chamado JR. O roteiro narrava detalhadamente procissões, sermões, e nascia de uma condição de desencanto em relação a alguns ensinamentos.

*Refere-se mais precisamente a quê?*
Aos problemas de um adolescente, como o sexo antes do casamento e a masturbação, relacionados aos ensinamentos da Igreja.

*No filme que o revelou internacionalmente,* Caminhos perigosos, *há uma cena em que o protagonista conclui a penitência que lhe foi dada por seu confessor, dizendo: "Os pecados não se expiam na igreja, mas na rua".*
Creio que o arrependimento e a redenção exigem um esforço constante e cotidiano. Para quem crê, a Igreja deve representar o ponto de partida e de referência.

*Um elemento comum de suas histórias é que ninguém consegue escapar do Gólgota, do calvário.*
    Nunca pensei, racionalmente, em uma conclusão do gênero, mas quero responder com uma frase que anotei na época de *Jerusalém, Jerusalém* e que Bresson tinha utilizado em *Diário de um pároco de aldeia*: "Deus não é um torturador: quer apenas que tenhamos piedade de nós mesmos".

*Quais são os cineastas que você mais admira, nos quais está presente uma dimensão espiritual?*
    A lista seria longa demais... Os primeiros dois nomes que me vêm à cabeça são os de Dreyer, particularmente por *A palavra*, e Frank Borzage, pelo modo como narra a redenção por meio do amor.

*Já lhe aconteceu de admirar diretores ou obras em que, ao contrário, não aparece nenhuma dimensão religiosa?*
    Pelo modo como pergunta, parece que você já tem uma resposta.

*Sinceramente não. Mas, por exemplo, não consigo encontrar elementos espirituais em um grande cineasta como Luchino Visconti.*
    Não concordo. Basta pensar, por exemplo, na intimidade dos laços familiares de *Rocco e seus irmãos*, que, como se sabe, se inspirou em um texto impregnado de espiritualidade que é *O idiota*, de Dostoievski. Houve um momento em que pensei em adaptar o romance para a tela, mas depois desisti quando entendi que não conseguiria realizar

um filme belo como o de Visconti. E pense também em *O leopardo*, um dos melhores filmes de todos os tempos. Creio que existe uma profunda espiritualidade na consciência do príncipe diante de seu fim. E depois, que final pungente, no qual o príncipe até reza...

*Trata-se de uma prece à estrela da manhã, quase pagã.*
Certo, mas o príncipe reza enquanto observa um sacerdote e um coroinha que saem ao alvorecer para levar a comunhão a uma casa.

*Nos seus filmes a violência está presente de maneira preponderante e parece, às vezes, inevitável... Touro indomável é mesmo a história de um homem cujo único talento é fazer mal...*
Mas também é a história de uma pessoa que sofre violência por parte de todos. Alguns críticos também viram nele uma representação de Cristo. Não quero negar isso, mas não foi, certamente, uma elaboração consciente.

*A representação cristológica é, a meu ver, uma constante em seu cinema. O elemento que, pessoalmente, mais me fascina em* A época da inocência *é o modo como o personagem de Ellen Olenska é descrito: uma mulher na qual um mundo dominado pelos fariseus coloca uma coroa de espinhos.*
Ela não é a única a sofrer naquele filme, mas posso responder dizendo a mesma coisa que acabei de dizer a respeito de *Touro indomável*.

*Mudemos de filme. Escolho um de tema declaradamente espiritual: na época de* Kundun *algumas pessoas escreveram que o modo como você fala do budismo se ressente claramente de seu catolicismo.*

Espero não ter cometido erros de representação, mas, de certa forma, isso é natural, considerando os meus antecedentes e a minha intimidade.

*Por que, ao abordar diretamente a figura de Cristo,\* você resolveu adaptar um romance tão controverso como o de Kazantzakis?*

Existem inúmeros filmes sobre o Cristo dos Evangelhos. Todos respeitam a ortodoxia e alguns são obras-primas. Mas o que me interessava era desenvolver até o extremo um conceito determinante e extremamente perturbador: a palavra que se fez carne.

*Nova York, janeiro de 2006*

---

\* *A última tentação de Cristo.* [N.E.]

# Derek Walcott
*Creio que creio*

Quando está em Nova York, Derek Walcott convive com uma grande nostalgia do mergulho que dá toda manhã no oceano diante de sua mansão em St. Lucia. "É mais do que um simples prazer: trata-se, propriamente falando, de um ritual", explica antes de começar a falar dos ritos íntimos em torno dos quais construiu o sentido de sua própria vida, "para, de certa forma, reintegrar-me todo dia a algo que me devolve o sentido misterioso da eternidade". A nostalgia não se limita ao fato de não despertar diante da água do mar do Caribe: faltam os cheiros, os sabores, as cores do mundo onde nasceu, que celebrou e, definitivamente, escolheu depois de ter vivido nos Estados Unidos. Hoje, os Estados Unidos são o país em que vive apenas durante uma parte do ano e ao qual é ligado pela consciência de ter sido recebido e de ter ganhado aqui a oportunidade que provavelmente não teria de outra maneira. No entanto, desde que voltou à sua esplêndida Ítaca tropical, não parou mais de celebrar a épica de sua terra, caracterizada pelo ritmo lento e pelo orgulho das origens mistas, como ele conta em seus versos: "Sou apenas um negro ruivo que ama o mar? Tenho uma profunda educação colonial: tenho sangue holandês, negro e inglês. Sou nada ou uma nação inteira". "São versos de muitos anos atrás", responde, "mas, à medida que envelheço, vou me dando conta de que as verdades não mudam nunca".

*Que importância tem a religião no seio dessa verdade em particular?*

Uma importância determinante: a religião é um dado do qual não se pode prescindir. Sempre estive convencido de que é ilusório pensar que é possível prescindir dela ou não ser indelevelmente formado por ela.

*Grande parte de sua arte imortaliza a melancolia do exílio e os tormentos que provoca, mesmo para quem é um imigrante de luxo.*

O exílio é sempre doloroso, mas sob alguns aspectos é a mais clássica das condições humanas.

*O que quer dizer?*

Que o exílio vivido pela vítima de perseguição, pelo pobre que foge da miséria ou mesmo, simplesmente, por quem não se sente bem vivendo onde nasceu é uma metáfora do exílio da condição humana.

*Pelo que posso deduzir, o senhor acredita em uma transcendência.*
Sim, com certeza, embora meu pensamento e a minha fé sejam assediados pela dúvida.

*E se eu lhe perguntasse se acredita em Deus?*
Eu diria que creio que creio.

*E como é esse Deus?*
É difícil, aliás, impossível, separá-lo da imagem que me foi inculcada desde a infância.

*Ou seja?*
Um homem branco de barba. Sábio e velho.

*Mas, além dessa imagem, o que vê?*
Não vejo nada além do risco da banalização. Sob alguns aspectos, além dessa imagem começam as dúvidas.

*E que relação o senhor tem com esse Deus?*
Inconstante.

*Como pode ser inconstante em relação a uma entidade onipotente na qual o senhor diz que acredita?*
Eu disse que creio que creio. Se tivesse respondido com certeza, provavelmente o meu comportamento seria diverso. E no que diz respeito à inconstância, ela testemunha a fragilidade da qual ninguém é isento.

*Mas o senhor reza a esse Deus?*
Eu admito que rezo quase sempre quando estou com problemas. Quando me sinto mais forte e mais sere-

no, expresso gratidão pela vida, a dádiva mais bela que existe.

*A sua educação foi religiosa?*
Sim, mas com uma abordagem laica. Meu pai era um artista muito boêmio e minha mãe, uma professora. Minha relação com a fé sempre foi marcada por um dado fundamental: fui educado para a religião metodista, no interior de um ambiente quase que totalmente católico.

*E quais foram as conseqüências disso?*
Acentuou o sentido de minoria e de alienação. Durante muito tempo pensei que vivia e criava no interior de uma dimensão de blasfêmia.

*O que quer dizer com isso?*
No período de formação intelectual, uma escolha minoritária pode fortalecer alguns dados e enrijecer alguns outros. E o confronto, que em si é sempre salutar, passa através das fases nas quais as certezas se misturam com as incertezas: recordo o sentimento de minoria – que nunca desapareceu totalmente – que me suscitava a diferença entre a representação triunfante da divindade no catolicismo e a representação austera do protestantismo.

*Em uma conferência, o senhor citou esta frase de Eliot: "A cultura de um povo é a encarnação de sua religião".*
Obviamente, é preciso esclarecer o que se entende por religião no sentido lato, mas seria absurdo negar seu valor fundamental, imprescindível e em muitos casos absoluto.

*Uma das mais fascinantes chaves de leitura em sua obra é a celebração da construção da identidade nacional por meio da exaltação das histórias individuais.*
A civilização e a cultura progridem a partir do momento em que existe harmonia entre esses elementos, que, por sua vez, são ligados intimamente ao dado espiritual.

*Jorge Luis Borges escreveu que "os homens sempre repetiram duas histórias através dos séculos: a de um navio perdido nos mares mediterrâneos em busca de uma ilha amada, e aquela de um Deus que se faz crucificar no Gólgota".*
É, como sempre, uma imagem formidável, que certamente contém uma verdade. Como se sabe, a relação com Homero é fundamental para a minha cultura e a minha própria existência. Contudo, como cristão e como homem que se formou na cultura humanista, devo dizer que isso é verdadeiro para nós ocidentais. Não se poderia dizer o mesmo — pelo menos no que diz respeito ao passado — sobre quem nasceu em uma ilha do Pacífico ou no Sudeste Asiático.

*Durante séculos, a religião foi um tema dominante na arte. Hoje é muito mais raro ver uma representação religiosa...*
Poderíamos dizer o mesmo para qualquer outra arte, mas isso não quer dizer, é óbvio, que o espírito religioso desapareceu. Existem motivos histórico-políticos, ligados ao fato de que a Igreja no passado encomendava muito mais arte sacra, e grandes revoluções periódicas que estabeleceram as bases dessa secularização. Mas gostaria de insistir: não se trata de uma ausência repentina, causada talvez pela descoberta de uma inexistência por parte dos

artistas. Eu diria antes que, nesse período, o sentimento e a manifestação da divindade devem ser identificados no interior de uma abordagem mais indireta, às vezes até mesmo escondida. Tenho a impressão, ademais, de que hoje se assiste a um fenômeno de evidente retomada de atenção em relação à religião: uma condição que vai certamente encontrar uma presença sempre maior na arte.

*Uma das obras mais célebres de Giorgio De Chirico intitula-se* A nostalgia do infinito *e representa duas pequenas figuras humanas na parte inferior de um quadro que parece se projetar para a imensidão.*
    É uma metáfora da condição humana, que nos remete ao que dizíamos sobre a relação com a idéia do exílio. Creio que cada um, a despeito daquelas que podem ser as suas convicções, tem no próprio íntimo o sentimento de algo infinitamente maior. A fé nos oferece uma chave, um caminho que, aliás, se opõe ao mistério e cria um outro: aquele que os crentes definem justamente como "o mistério da fé".

*A sua poesia intitulada "Pentecost" começa com o verso "Melhor uma selva na cabeça do que asfaltos sem raízes" e conclui-se com um desejo daquilo que "os Evangelhos da minha juventude chamavam de alma".*
    É uma aspiração pela própria definição da alma, não pela sua existência.

*O que quer dizer?*
    Que vivemos – ou pelo menos eu sinto que vivo – em um mundo que é abordado em primeiro lugar pelo intelecto.

Mas penso que na pureza da juventude é mais fácil identificar e, portanto, intuir a presença da alma.

*A sua formação cultural oscilou entre o Caribe e os Estados Unidos: quais são as principais diferenças que o senhor identificou entre essas duas realidades culturais, na questão da abordagem da religião?*
É um argumento enorme e, quando o confrontamos, tendemos muitas vezes a esquecer a incrível variedade cultural dos Estados Unidos. No que diz respeito aos Estados Unidos urbano, o aspecto que mais se destaca para mim é a falta do elemento ritual que, ao contrário, nas Índias Ocidentais é determinante.

*O senhor já refletiu sobre o mito do bom selvagem de Rousseau?*
Qualquer um que se interrogue sobre a fé deve refletir sobre isso.

*Qual foi a sua conclusão?*
De um ponto de vista estrutural, talvez este mito não tenha cabimento nos dias de hoje: a tecnologia torna o isolamento quase que totalmente impossível. Mas a verdade que ele narra permanece, e continua a nos falar.

*Nova York, março de 2003*

ELIE WIESEL
*Tenho uma fé ferida*

Elie Wiesel me recebe em seu escritório no Upper East Side, num dia de pleno inverno, mas de temperatura inesperadamente primaveril. Antes de começar a discutir sobre sua relação pessoal com Deus, observa demoradamente as cores que se refletem nos arranha-céus dourados pelo crepúsculo. Sorri em silêncio, como se aquilo já fosse uma primeira resposta, depois pede notícias da situação política em meu país, "misteriosa para quem não vive na Itália". Acabou de regressar de uma longa viagem pelo interior dos Estados Unidos e vai partir novamente para uma série de conferências nas quais tratará também de alguns dos temas que queremos abordar aqui. "Afinal de contas, a existência de Deus é o único problema autêntico", diz com um olhar severo, "no qual todos os outros problemas são resumidos e minimizados. Às vezes penso que falamos sempre de Deus, sem nos darmos conta disso".

*Entre os muitos filósofos que trataram desse tema, Blaise Pascal falou explicitamente da existência de um Deus oculto.*

Pascal é um dos pensadores que eu mais admiro e que me estimula constantemente a enfrentar o máximo de problemas. Não foi, no entanto, o primeiro a falar de um Deus oculto. A própria Bíblia fala de um Deus que cobre seu rosto. E eu interpreto – consciente de não estar sozinho – que Deus cobre o próprio rosto porque não consegue suportar o que vê, aquilo que nós, os homens, fazemos.

*Em seus* Pensamentos, *Pascal escreve, interpretando o pensamento de Deus: "Não me buscarias, se já não me tivesses encontrado".*

Para mim parece ser uma frase que explica bem a importância da escolha no interior da fé.

*O senhor acredita em Deus, professor Wiesel?*

Sim, por certo.

*Posso perguntar como o imagina?*

Certamente que pode perguntar, mas eu tenho de responder que não o imagino.

*Derek Walcott disse que não consegue fugir da imagem com a qual foi educado na infância: um homem velho, de raça branca e com uma expressão de sabedoria.*

Entendo a tirada de Walcott e trata-se obviamente de uma simplificação muito humana, à qual é mesmo difícil subtrair-se. Penso, contudo, que qualquer imagem representa um limite e que o mistério faz parte da infinita grandeza.

*O senhor sempre acreditou em Deus?*
   Desde menino, mas tive os meus momentos de crise.

*E como era o Deus de sua infância?*
   Não muito diferente daquele da maturidade. Posso lhe dizer que estava em meus sonhos, nas minhas preces, em cada aspecto de uma existência inconcebível de outra forma.

*E seus pais eram crentes?*
   Sim, eram pessoas extremamente religiosas.

*Quanto de sua fé deve-se a eles?*
   Certamente, devo a meu pai, Shlomo, e a minha mãe, Sarah, a educação e o exemplo. Mas como acontece com todo mundo, também a minha fé viveu um momento fundamental de escolha. De outro modo, eu não poderia defini-la como fé.

*O senhor fala de escolha. Outros poderiam falar em graça...*
   Para mim não há problema se quiser defini-la desse modo. Desde que não minimize a liberdade de escolha e as conseqüências que se deve assumir no momento em que se crê.

*O senhor estudou filosofia na Sorbonne. Acredita que esses estudos influenciaram a sua fé?*
   Eu diria que não. A filosofia me deu a terminologia, o método e a possibilidade de articular de maneira mais rigorosa a relação com os problemas da existência.

*Nestas conversações sobre a fé, há uma frase de Dostoievski que é recorrente: "Se Deus não existe, tudo é possível".*
   É uma constatação trágica, mas da qual compartilho.

*Como concebe a existência sem fé?*
O mundo teve a experiência disso, evidente e recente: os horrores do século que vem de terminar foram perpetrados por uma ditadura pagã como o nazismo e atéia como o comunismo. Isso não quer dizer, é óbvio, que em nome de Deus não tenham sido cometidas monstruosidades: seria longa a lista de crentes que se macularam de infâmia. Contudo, a ausência programática de um deus, ou pelo menos a ilusão de combater sua presença, leva sistematicamente ao horror.

*O senhor acredita firmemente em Deus, mas vive em um mundo em que existem a dor, a injustiça e o abuso.*
É o grande tormento da minha existência inteira. A questão à qual não sei responder. Mas mesmo nesses momentos terríveis, não vejo uma ausência, mas antes um eclipse.

*Acredita que Deus possa permitir uma guerra?*
Creio que é mais provável que os governantes utilizem Deus e a religião para desencadear guerras. E vejo que isso acontece constantemente, mas ninguém pode nem nunca poderá demonstrar que uma guerra é deflagrada por vontade de Deus. Se não fosse um argumento tão trágico, seria de se pedir, por troça, que se firmasse a cada vez um atestado em cartório certificando que a guerra que está para ser deflagrada é fruto de uma vontade expressa do Onipotente.

*A política destes tempos recorre com cada vez maior freqüência à prece.*

Isso também não representa nada de novo. Assim como não é nova a presença de comportamentos hipócritas, instrumentais e muitas vezes insinceros. É importante ressaltar como os riscos podem ser enormes em cada um dos casos citados.

*O senhor reza?*

Sim, constante e simplesmente.

*Quando começou?*

Quando criança. Mas como acontece tantas vezes, meu primeiro instinto foi a emulação: não queria ser o último da minha família a colocar-me na fila das orações.

*E sempre rezou assim?*

Não, tive os meus momentos de crise, que me induziram a estudar e a confrontar-me comigo mesmo e, às vezes dramaticamente, com Deus.

*Como definiria hoje a sua fé?*

Usaria o adjetivo "ferido", pois creio que seja válido para todas as pessoas da minha geração. O chassidismo ensina que "nenhum coração é inteiro como um coração despedaçado", e eu digo que nenhuma fé é inteira como uma fé ferida.

*Os homens de fé identificam justamente na prece o momento mais alto da espiritualidade.*

A prece é um aspecto fundamental, contudo, dedico grande parte da minha existência à ação: creio que seja um modo de interpretar a própria espiritualidade.

*O que quer dizer com isso?*
Que existem momentos em que é preciso interferir naquilo que acontece na História. Por exemplo, quando a vida e a dignidade humanas são colocadas em risco, as diferentes culturas tornam-se irrelevantes. No momento em que uma pessoa é perseguida por sua própria raça, sua religião ou suas idéias políticas, torna-se — para quem acredita possuir um espírito religioso — o centro do universo.

*Um outro escritor citado nesta reflexão sobre a religião foi Isaac Bashevis Singer, cujo romance* A família Moskat *termina com as palavras: "O Messias é a morte".*
Eu conhecia Singer bastante bem e creio que é justo colocá-lo entre os escritores que se interrogaram da maneira mais eficaz sobre esse tipo de problema. Mas não é possível descontextualizar o fim de *A família Moskat*: trata-se de uma conclusão de efeito, que coincide com a ascensão do nazismo e o final não apenas de uma família, mas de toda uma experiência cultural e religiosa.

*O senhor não acha que essa é a maior das feridas?*
Certamente, mas falar de morte parece negar a fé. E eu não chego até lá: creio, aliás, no contrário.

*Pode citar um artista que admira e que vive abertamente uma fé diferente da sua?*
Tenho o máximo respeito por qualquer um que tenha uma fé, qualquer que seja. E também por quem é ateu e acredita firmemente na inexistência de Deus.

*Podemos deduzir que é contrário a qualquer tipo de fundamentalismo?*
Da maneira mais absoluta. O fanatismo é um perigo, seja no caso dos muçulmanos, seja no caso dos cristãos ou dos judeus. E o respeito pela fé alheia, no qual acredito sinceramente, exige igual respeito por parte do interlocutor. Pensando na minha experiência pessoal, o que me vem à cabeça é o exemplo luminoso de François Mauriac. Eu, judeu, devo a um católico fervoroso como ele, que se declarava enamorado de Cristo, o fato de ter me tornado escritor.

*Considera que o Deus em que Mauriac acreditava era diverso daquele em que o senhor acredita?*
Não. Mas sei como podem ser distintos os nossos olhares e a nossa abordagem. Uma vez, Mauriac dedicou-me um livro escrevendo: "A Elie Wiesel, menino judeu que foi crucificado". Em um primeiro momento, levei a mal, mas depois compreendi que era o seu modo de fazer o seu amor chegar até mim.

*Nova York, fevereiro de 2003*

AGRADECIMENTOS

Este livro tem um início bíblico: nasce, de fato, das costelas de uma pesquisa conduzida, em 2003, para o jornal *La Repubblica*. Sinto, portanto, o dever de agradecer a Paolo Mauri, que permitiu que a realizasse nas páginas de cultura e, obviamente, ao diretor Ezio Mauro. Ambos demonstraram uma confiança pela qual nunca serei grato o suficiente.

Meus mais calorosos agradecimentos vão também para Vincenzo Ostuni, editor apaixonado e sincero mesmo nos (poucos) momentos de desacordo, para a incansável e paciente Ornella Mastrobuoni, para a irônica e tenaz Martina Donati e para Elidio Fazi, em cuja companhia me sinto feliz de ter empreendido esta segunda viagem.

Algumas entrevistas contidas neste livro só foram possíveis graças ao auxílio inestimável de alguns amigos: minha gratidão a Gianni Ferrari, Carla Tanzi, Nicole Aragi, Marianne Merola, Emma Tillinger. Agradeço, enfim, a todas as pessoas entrevistadas por sua paciência e pela disponibilidade para falar de temas tão íntimos, e saúdo com melancolia o grande Saul Bellow. A fé que nos aproxima, mesmo por meio de ritos diversos, me diz que voltaremos a nos ver.

Quero concluir expressando como sempre a minha gratidão e a minha admiração por meu irmão Andrea, pelas muitas sugestões, por seu afeto incondicional e por ter-me indicado a esplêndida frase de Borges que citei no começo do livro.

## OS ENTREVISTADOS

PAUL AUSTER nasceu em 1947, nos Estados Unidos. Poeta, tradutor, romancista e roteirista de cinema, publicou ensaios, memórias, poesia e ficção. É autor, entre outros livros, de *Desvarios no Brooklyn* e *Trilogia de Nova York* (Companhia das Letras).

SAUL BELLOW nasceu em 1915, no Canadá. Ganhador do Prêmio Nobel de Literatura em 1976, é autor de novelas, contos e romances, como *Agarre a vida* e *A conexão Bellarosa* (Rocco). Morreu em abril de 2005.

MICHAEL CUNNINGHAM nasceu em 1952, nos Estados Unidos. Ganhou o Prêmio Pulitzer pelo romance *As horas*, adaptado para o cinema em 2002. Também é autor de *Laços de sangue* e *Dias exemplares* (Companhia das Letras)

NATHAN ENGLANDER nasceu em 1970, nos Estados Unidos. É autor dos livros *For the relief of unbearable urges* e *The ministry of special cases* (Knopf).

JANE FONDA nasceu em 1937, nos Estados Unidos. Atuou em diversas produções cinematográficas, entre elas *Klute — O passado condena* (1971), *Síndrome da China* (1979) e *Num lago dourado* (1981).

RICHARD FORD nasceu em 1944, nos Estados Unidos. É autor do romance *Independência* (Record) e do livro de contos *Mulheres com homens* (Record).

PAULA FOX nasceu em 1923, nos Estados Unidos. Sua produção literária divide-se entre as literaturas infanto-juvenil e adulta. Pelo primeiro segmento, é autora do best-seller *The slave dancer* (Random House)

JONATHAN FRANZEN nasceu em 1959, nos Estados Unidos. É autor de *As correções* (Companhia das Letras), *The discomfort zone* (Farrar Straus and Giroux) e *The twenty-seventh city* (St. Martin Press), entre outros romances.

SPIKE LEE nasceu em 1957, nos Estados Unidos. Dirigiu, entre outros, *Faça a coisa certa* (1989), *Malcom X* (1992) e *Irmãos de sangue* (1995).

DANIEL LIBESKIND nasceu em 1946, na Polônia. Arquiteto, responsável pelo projeto Marco Zero, localizado onde antes havia as torres gêmeas. Também projetou o Museu Judaico de Berlim, na Alemanha.

DAVID LYNCH nasceu em 1946, nos Estados Unidos. Seu currículo como cineasta inclui *O homem elefante* (1980), *Veludo azul* (1986) e *Cidade dos sonhos* (2001).

TONI MORRISON nasceu em 1931, nos Estados Unidos. Ganhadora do Prêmio Nobel de Literatura em 1993, é autora de *Amada* (Difel), *Jazz* (Best Seller) e *Paraíso* (Companhia das Letras), entre outros.

GRACE PALEY, nascida em 1922 nos Estados Unidos, é contista, poeta e ativista política, tendo publicado, entre outros, *The little disturbances of man* (Penguin).

SALMAN RUSHDIE, nasceu na Índia, em 1947. É autor de *Os filhos da meia-noite*, *Os versos satânicos* e *O chão que ela pisa* (Companhia das Letras).

ARTHUR SCHLESINGER, JR. nasceu em 1917, nos Estados Unidos. Historiador e crítico social, recebeu duas vezes o Prêmio Pulitzer. É autor de *War and the american presidency* (W. W. Norton) e *A life in the twenty century* (Houghton Mifflin).

MARTIN SCORSESE, nasceu em 1942, nos Estados Unidos. Dirigiu, entre outros, *O touro indomável* (1980), *A última tentação de Cristo* (1988) e *Os bons companheiros* (1990).

DEREK WALCOTT nasceu em 1930, em Santa Lucia (Índias Ocidentais). É poeta, dramaturgo e artista plástico. Recebeu o Prêmio Nobel de literatura em 1992. É autor , entre outros livros, de *The prodigal* e *The bounty* (Farrar, Straus and Giroux).

ELIE WIESEL, nasceu em 1928, na Romênia. É sobrevivente dos campos de concentração nazistas. Recebeu o Prêmio Nobel da Paz em 1986. Publicou, entre outros, *A noite* (Ediouro).

| | |
|---:|:---|
| *1ª edição* | março de 2007 |
| *impressão* | Bartira |
| *papel de miolo* | Offset 90 g/m² |
| *papel de capa* | Art Premium 330 g/m² |
| *tipologia* | Filosofia |